Hernandes Dias Lopes

2PEDRO E JUDAS
Quando os falsos profetas atacam a Igreja

hagnos

© 2013 por Hernandes Dias Lopes

1ª edição: maio de 2013
8ª reimpressão: agosto de 2021

REVISÃO
Andréa Filatro
Simone Granconato

DIAGRAMAÇÃO
Sandra Oliveira

ADAPTAÇÃO DE CAPA
Patricia Caycedo

EDITOR
Aldo Menezes

COORDENADOR DE PRODUÇÃO
Mauro Terrengui

IMPRESSÃO E ACABAMENTO
Imprensa da Fé

As opiniões, as interpretações e os conceitos emitidos nesta obra são de responsabilidade dos autores e não refletem necessariamente o ponto de vista da Hagnos.

Todos os direitos desta edição reservados à
EDITORA HAGNOS LTDA.
Av. Jacinto Júlio, 27
04815-160 — São Paulo, SP
Tel.: (11) 5668-5668

E-mail: hagnos@hagnos.com.br
Home page: www.hagnos.com.br

Editora associada à:

Dados Internacionais de Catalogação na Publicação (CIP)
Câmara Brasileira do Livro, SP, Brasil

Lopes, Hernandes Dias

2Pedro e Judas: quando os falsos profetas atacam a igreja / Hernandes Dias Lopes — São Paulo: Hagnos, 2013. (Comentários Expositivos Hagnos)

ISBN 978-85-7742-117-6

1. Bíblia NT - Judas: comentários 2. Bíblia NT - Epístolas de Pedro: comentários 3. Heresias cristãs I. Título

13-01943   CDD 227.907

Índices para catálogo sistemático:
1. Epístolas Gerais: comentários 227.907

Dedicatória

DEDICO ESTE LIVRO ao doutor Russell Shedd, homem de Deus, consagrado ministro do evangelho, exemplo dos fiéis, instrumento precioso na edificação da igreja brasileira e na defesa da sã doutrina.

Sumário

Prefácio   7

1. Introdução à Segunda Carta de Pedro   11

2. O crescimento no conhecimento de Deus   25
   (2Pe 1.1-11)

3. A transitoriedade da vida e a perenidade da Palavra   43
   (2Pe 1.12-21)

4. Os falsos mestres atacam a Igreja   59
   (2Pe 2.1-22)

5. A segunda vinda de Cristo, o grande Dia de Deus   81
   (2Pe 3.1-18)

6. A batalha pela fé evangélica   101
   (Jd 1-25)

Prefácio

A Segunda Epístola de Pedro e a carta de Judas são atualíssimas. Elas tratam de um brado de alerta à igreja perante a ameça contemporânea acerca do perigo dos falsos mestres. Ambas focam essencialmente o mesmo problema. Pedro anuncia que os falsos mestres viriam, e Judas afirma que eles já haviam chegado.

Os falsos mestres se infiltraram na igreja e disseminaram suas heresias perniciosas. Travestidos de ovelhas, eram lobos devoradores. Usando insígnias de mestres, desviavam as pessoas das veredas da verdade. Tanto Pedro como Judas alertam sobre o desvio doutrinário desses arautos do engano. Tanto Pedro como Judas denunciam sua vida imoral. Tanto Pedro como Judas acentuam que o amor ao lucro era o vetor que governava esses emissários da mentira.

A mensagem dessas duas cartas é absolutamente oportuna em nossos dias. As velhas heresias estão de volta travestidas com novas roupagens. Vale destacar que os hereges não se apresentam como tais. Usam uma máscara de piedade. Ostentam a pose de defensores de uma vida cristã mais avançada. Nem sempre atacam as verdades da fé cristã de forma aberta, mas sempre fazem uma releitura do antigo evangelho e oferecem uma nova interpretação das verdades clássicas do cristianismo. Misturam evangelho com filosofia e produzem, assim, outro evangelho, um evangelho híbrido, sincrético, herético. Relativizam as Escrituras, torcem as Escrituras, negam as Escrituras.

A heresia é pior que a perseguição. As falsas doutrinas são mais perigosas que o martírio. A sedução do diabo é mais danosa que a fúria do diabo. A voz melíflua da serpente é mais venenosa que o rugido do leão. A igreja de Deus nunca foi destruída por causa da perseguição. Muitos mártires, no passado, selaram com sangue a sua fé. Mas o sangue dos mártires tornou-se a sementeira do evangelho. A heresia, porém, é devastadora. Aonde chega, destrói a igreja. Não há antídoto contra a heresia. Uma igreja que se submete à falsa doutrina e se curva à agenda dos falsos mestres naufraga irremediavelmente.

O Brasil é um canteiro fértil no qual muitas heresias vêm florescendo. Também é um importador contumaz de muitas heresias perniciosas vindas de outras paragens. Vemos, no Brasil, uma igreja que se autodenomina evangélica, mas que abandonou o verdadeiro evangelho. Vemos homens inescrupulosos que, movidos pela ganância, abrem igrejas como se fossem franquias. Igrejas que se especializam na arte de arrecadar dinheiro, usando expedientes inconfessos e até mesmo imorais, para abastecer contas bancárias insaciáveis de líderes megalomaníacos.

O estudo dessas duas epístolas é uma necessidade vital para a igreja brasileira. Meu ardente desejo é que o estudo delas seja um tônico para o povo de Deus em nossa terra, e ao mesmo tempo um brado de alerta contra os falsos mestres que ainda rondam o aprisco das ovelhas para arrebatá-las.

Hernandes Dias Lopes

Capítulo 1

Introdução à Segunda Carta de Pedro

A SEGUNDA CARTA de Pedro é uma das epístolas gerais. Foi endereçada a igrejas e indivíduos.[1] Essa epístola, semelhantemente a Hebreus, Tiago, 1Pedro e 1, 2, 3João, circulava entre as igrejas.

Estudar essa epístola é um desafio. Primeiro, porque essa carta foi uma das mais cravejadas pelos críticos e uma das mais tardias em ser reconhecida, no cânon sagrado, como livro inspirado. Segundo, porque há abundantes questionamentos acerca da autoria petrina, até mesmo entre comentaristas conservadores. Terceiro, porque em questão de estilo, essa missiva difere da Primeira Carta de Pedro. O grego de 1Pedro é polido, culto, dignificado, um dos melhores do Novo Testamento. Já o grego de 2Pedro é grandioso; é um pouco semelhante à arte barroca, quase rude no seu caráter pretensioso e em sua expansibilidade. Na opinião de Jerônimo, Pedro deve ter empregado secretários diferentes.[2] Quarto, porque essa epístola não recebeu atenção dos estudiosos ao longo dos séculos.

Michael Green chega a dizer que 2Pedro e Judas são um canto muito obscuro do Novo Testamento. Que quase nunca se prega sobre esses escritos; comentários e artigos em revistas eruditas raramente tratam deles.[3] William Barclay ressalta que essa carta é um dos livros mais esquecidos do Novo Testamento.[4] R. C. Sproul afirma que há menos comentários escritos sobre essa carta do que qualquer outro livro do Novo Testamento, com a possível exceção de Judas.[5]

Em 2Pedro há 57 palavras que se encontram somente nesta epístola, não ocorrendo em nenhum outro livro do Novo Testamento. O tema central de 1Pedro é o encorajamento durante os tempos de perseguição, 2Pedro, porém, trata acerca da ameaça da heresia gnóstica. R. C. Sproul diz, com razão, que o gnosticismo foi uma das maiores ameaças à igreja cristã a partir da segunda metade do século 1 e nos dois séculos seguintes. Pedro, já no seu tempo, entendeu que a maior ameaça ao bem-estar do povo de Deus era o falso ensino.[6]

Vamos agora nos dedicar ao estudo dessa epístola, fazendo uma análise introdutória que trará à lume esclarecimentos oportunos e necessários para compreendermos sua atual e pertinente mensagem. Mesmo com todas as lutas que essa carta enfrentou para ser aceita no cânon sagrado, temos plena convicção de que estamos lidando com um livro inspirado pelo Espírito Santo.

O autor da carta

Essa epístola leva o nome de Simão Pedro, porta-voz dos doze apóstolos, homem que ocupou o centro das atenções de Lucas nos dez primeiros capítulos de Atos. Simon Kistemaker aponta que, durante séculos, os estudiosos questionaram o fato de Pedro, ou outra pessoa que tomou o seu nome, ser o autor dessa carta. Na verdade, essa epístola tem sofrido negligência acadêmica tanto por parte dos que negam a autoria petrina como daqueles que a sustentam.[7] William MacDonald diz que há mais problemas em aceitar esse livro como autêntico do que qualquer outro do Novo Testamento. Porém, todos esses problemas não são suficientemente fortes para refutar a autoria petrina.[8]

As cartas escritas no século 1 começavam com o autor, porque eram escritas em rolos, o que facilitava a comunicação. O autor se apresenta como "Simão Pedro", o mesmo da primeira epístola. Não apenas cita seu nome, mas também sua identificação: *servo e apóstolo de Jesus Cristo* (1.1). A primeira palavra descreve sua humildade, e a segunda, sua autoridade. A Segunda Carta de Pedro é uma epístola que tem como origem a autoridade que Jesus concedeu aos seus apóstolos. Pedro recebeu autoridade de Cristo, que o enviou como seu representante. Essa carta foi escrita com a autoridade divina.[9] Isso está em oposição àqueles que hoje, indevidamente, utilizam o termo "apóstolo" e engrandecem a si mesmos, perdendo de vista que, no reino de Deus, aquele que quiser ser o maior, deve ser esse servo de todos.

Os destinatários da carta

Depois de apresentar-se, Pedro dirige-se a seus destinatários, denominando-os como *aos que conosco obtiveram fé igualmente preciosa na justiça do nosso Deus e Salvador Jesus Cristo* (1.1b). É muito provável que esses irmãos fossem os mesmos crentes dispersos, *eleitos que são forasteiros da Dispersão no Ponto, Galácia, Capadócia, Ásia e Bitínia* (1Pe 1.1). Esses crentes, mesmo perseguidos e dispersos, alcançaram uma fé preciosa. Fé na justiça de Cristo, o próprio Deus encarnado, nosso único Salvador. Pedro diz aos seus leitores que essa é a segunda carta que está escrevendo (3.1). A maioria dos comentaristas entende que se trata de uma referência à Primeira Carta de Pedro. Sendo assim, os destinatários da segunda carta devem, obviamente, ser as mesmas pessoas para as quais 1Pedro foi enviada, ou seja, os cristãos da Ásia Menor mencionados em 1Pedro 1.1.[10] Os leitores parecem, também, estar familiarizados com as epístolas de Paulo (3.15,16), uma vez que algumas das cartas de Paulo foram enviadas aos cristãos da Ásia Menor.

O estilo da carta

A maioria dos estudiosos afirma que há grande diferença de estilo entre a Primeira Carta de Pedro e essa epístola. A primeira tem um grego erudito, enquanto essa, um estilo mais comum. Kistemaker diz que, em 1Pedro, a forma de apresentação é suave e polida. O mesmo já não é verdade na Segunda Epístola de Pedro, cujo estilo é abrupto, cujas palavras são formais e cujo significado é em muitas passagens obscuro.[11] Uma das explicações é que a primeira epístola foi compilada por Silas, profeta da Igreja de Jerusalém (1Pe 5.12). Embora o conteúdo fosse de Pedro, o estilo era de Silas. Mas, na segunda carta é possível que Pedro não tenha recebido ajuda ou tenha usado outro secretário. Outra explicação plausível está no fato do mesmo autor poder variar de estilo em cartas distintas, dependo da natureza do assunto que está tratando.

Concordo com Kistemaker, quando diz que explicar a autoria apostólica de 2Pedro é mais fácil que desacreditá-la. Por essa razão, apesar dos problemas levantados contra a autoria petrina dessa carta, subscrevemos essa tese, considerando-a uma opção absolutamente viável.

William MacDonald lista oito evidências internas da autoria de Pedro, apesar dos tantos ataques que ela recebeu no passado e ainda recebe no presente:[12]

Primeiro, em 1.3 o escritor fala sobre os crentes que foram chamados para sua própria glória e virtude. Isso nos remete a Lucas 5.8, onde a glória do Senhor foi manifestada a Pedro e ele clamou: *Senhor, retira-te de mim, porque sou pecador.*

Segundo, quando o escritor dá uma prescrição por meio da qual seus leitores jamais tropeçariam (1.5-10). Isso nos leva imediatamente à queda de Pedro e ao sofrimento que isso lhe provocou.

Terceiro, em 1.14 vemos algo marcante. O escritor sabe que sua morte está chegando, e ele mesmo havia sido alertado pelo Senhor Jesus de que em sua idade avançada morreria de forma violenta (Jo 21.18,19).

Quarto, em 1.13-15, as palavras "tabernáculo" (tenda) e "partida" (êxodo) foram as mesmas usadas por Lucas no relato da transfiguração (Lc 9.31-33). Vale ressaltar que Pedro estava presente na cena da transfiguração.

Quinto, em 1.16-18 o escritor faz referência à transfiguração de Jesus, deixando claro que ele participou pessoalmente da insólita experiência. Estavam presentes no monte com Jesus apenas Pedro, Tiago e João (Mt 17.1).

Essa carta (2Pedro) é reivindicada pelo próprio Pedro como

sua epístola (1.1), porém não há nenhuma reivindicação semelhante de Tiago e João.

Sexto, em 2.14,18 o escritor usa o verbo "engodar", da palavra grega *deleago*, que significa "fisgar" ou "pescar com a sedução do engano". É vocabulário próprio de um pescador, e consequentemente, apropriado para Pedro.

Sétimo, em 3.1 o autor se refere à carta prévia, que provavelmente é 1Pedro. Também se refere a Paulo (3.15) em termos muito pessoais, como só um apóstolo poderia fazer.

Oitavo, em 3.17 o autor usa a palavra "firmeza", que vem da mesma raiz do verbo "fortalecer" empregado em Lucas 22.32.

Talvez uma das razões pelas quais ainda hoje essa carta tenha recebido tantas críticas é que o autor condena com muita veemência os falsos mestres. Mais importante que dar voz aos críticos, é abrir nossos olhos para as verdades solenes dessa epístola e abrir os ouvidos da nossa alma para escutar a Deus, através da voz apostólica.

A data em que a carta foi escrita

Desde que concluímos que a igreja estava certa ao reconhecer 2Pedro como canônica, tanto da perspectiva histórica como espiritual, devemos situar a data bem próximo à morte de Pedro.[13]

Chegamos a essa conclusão quando examinamos o que o apóstolo escreveu: *Também considero justo, enquanto estou neste tabernáculo, despertar-vos com essas lembranças, certo de que estou prestes a deixar o meu tabernáculo, como efetivamente nosso Senhor Jesus Cristo me revelou* (1.13,14; cf. Jo 21.18,19). Na opinião de Kistemaker, Pedro está escrevendo uma espécie de testamento no qual expressa suas admoestações antes de partir.[14]

A data exata em que essa epístola foi escrita ainda está em aberto, porém o historiador da igreja Eusébio coloca a morte de Pedro na época da perseguição de Nero (64-68 d.C.).[15] Como Nero morreu em 68 d.C., é muito provável que 2Pedro tenha sido escrita por volta do ano 67 d.C.

O lugar da carta no cânon

A Bíblia é a biblioteca do Espírito Santo e não apenas um único livro. É uma coleção de 66 livros. Todos eles foram reunidos num único volume, que chamamos de "cânon das Sagradas Escrituras".[16] A palavra cânon é uma tradução do termo grego *kanon*, que significa "vara de medir". O desenvolvimento do cânon foi um processo. Na verdade, a igreja esteve engajada por trezentos anos em debate, discussão e análise de vários livros do século 1 com o propósito de estabelecer de uma vez por todas quais eram os livros verdadeiramente inspirados.

Em virtude do falso e herético cânon de Marcião ter se espalhado pela igreja, foi necessário um esforço redobrado para verificar com exatidão quais livros tinham autoridade apostólica.

Não há vestígio do reconhecimento de 2Pedro senão depois do ano 200 d.C., a epístola não está incluída no Cânon Muratoriano, que data de 170 d.C. e constitui a primeira lista oficial dos livros do Novo Testamento. Não figurava na antiga versão latina das Escrituras e tampouco existia no Novo Testamento da primitiva igreja da Síria. Os grandes eruditos de Alexandria não conheciam essa epístola ou tinham dúvidas quanto a ela.[17] O próprio reformador João Calvino expressou suas restrições quanto à autoria petrina, enfatizando, por outro lado, sua importância canônica.[18] Nessa mesma linha de pensamento, Michael Green diz que essa epístola tem atravessado séculos em meio a tempestades. Sua entrada no cânon foi extremamente precária. Na Reforma, Lutero a considerou Escritura de segunda classe, e ela foi rejeitada por Erasmo e olhada com hesitação por Calvino.[19]

Só no século 3, é que Orígenes cita pela primeira vez 2Pedro como parte das Escrituras. Jerônimo, no fim do século 4, reconheceu que Simão Pedro escreveu duas cartas gerais. A igreja universal, apesar de reservas e dúvidas, reconheceu a canonicidade de 2Pedro. O Concílio de Laodiceia em 360 d.C. colocou 2Pedro entre os livros canônicos, assim como o Concílio de Hipona (393 d.C.) e o Concílio de Cartago (397 d.C.). R. C. Sproul afirma que a autoria petrina desta epístola foi fortemente afirmada por homens como Atanásio, Ambrósio e Agostinho. O testemunho interno do livro e o testemunho externo da história da igreja são eloquentes. Por isso, entraremos na exposição dessa carta com a firme convicção de que ela nos vem da autoridade apostólica de Simão Pedro.[20]

O propósito da carta

Se o foco da primeira carta foi preparar a igreja para enfrentar o sofrimento que se espalhava, o propósito desta epístola é alertar a igreja acerca dos falsos profetas. Assim como Paulo escreveu duas cartas tanto aos crentes de Tessalônica como aos crentes de Corinto, Pedro também escreveu duas epístolas para os crentes judeus e gentios da Ásia Menor. Nessa segunda carta, ele advertiu os crentes sobre os perigos dos falsos mestres que se infiltraram nas comunidades cristãs.[21] Michael Green diz que há uma concordância geral entre os comentaristas de que a heresia em mira é uma forma primitiva de gnosticismo.[22]

Myer Pearlman reforça esse pensamento quando destaca que a Primeira Epístola de Pedro trata do perigo fora da igreja: as perseguições. A Segunda Carta trata do perigo dentro da igreja: a falsa doutrina. A primeira foi escrita para animar; a segunda, para advertir. Na primeira, vemos Pedro cumprindo a missão de fortalecer os irmãos (Lc 22.32); na segunda, cumprindo a missão de pastorear as ovelhas, protegendo-as dos perigos ocultos e insidiosos, para que andem nos caminhos da justiça (Jo 21.15-17). O tema da segunda carta pode ser resumido da seguinte maneira: o conhecimento completo de Cristo é uma fortaleza contra a falsa doutrina e contra a vida imoral.[23]

As ênfases teológicas da carta

A Segunda Carta de Pedro tem algumas ênfases bem nítidas:

Em primeiro lugar, *o combate aos falsos mestres*. Robert Gundry diz que os mestres heréticos, que mascateavam com doutrinas falsas e praticavam uma moralidade frouxa, começavam a lançar sérias investidas contra a igreja, penetrando no seu interior. A Segunda Epístola de Pedro é uma polêmica contra os tais, particularmente contra seu ensino, no qual negavam a realidade da volta de Jesus. Pedro assevera o verdadeiro conhecimento da fé cristã a fim de fazer frente àquela doutrinação herética.[24]

Pedro adverte os leitores acerca dos falsos profetas que aparecem com heresias destruidoras, a fim de corromper as pessoas (2.1,2,13,14). Assegura aos crentes que esses falsos profetas serão repentinamente destruídos (2.3,4). Pedro exemplifica essa destruição citando o dilúvio e a destruição de Sodoma e Gomorra (2.4-8). Compara os falsos profetas a Balaão (2.15,16). Alerta para o fato desses mestres do engano estarem decididos a desviar os cristãos do caminho da verdade e da santidade, prometendo-lhes uma falsa liberdade que nada mais é que libertinagem (2.17-22).[25]

Os falsos mestres do capítulo 2 são, possivelmente, os mesmos escarnecedores do capítulo 3. Esses hereges haviam rompido com a fé cristã (2.1,20,21) para espalhar seu veneno letal e suas heresias perniciosas. O apóstolo Pedro fez uma lista de seus ensinamentos pervertidos: 1) rejeitam Jesus Cristo e o seu evangelho (2.1); 2) repudiam a conduta cristã (2.2); 3) desprezam a autoridade (2.10a); 4) difamam autoridades superiores (2.10b); 5) são imorais (2.13,14); 6) falam de liberdade, mas são escravos da depravação (2.19); 7) ridicularizam a doutrina da volta de Cristo (3.4); 8) rejeitam o juízo final (3.5-7); 9) distorcem os ensinamentos das epístolas de Paulo (3.16); 10) vivem em pecado (3.16).[26]

William Barclay sugere que esses falsos mestres eram antinomianos, ou seja, usavam a graça de Deus como justificativa para pecar.[27] Muito provavelmente, como já afirmamos, esse grupo era uma semente daquela devastadora heresia chamada "gnosticismo". Os gnósticos defendiam a tese de que o espírito é essencialmente bom e a matéria é essencialmente má. O gnosticismo desembocou no ascetismo e na licenciosidade. Esses falsos mestres denunciados por Pedro alegavam que, não importava o que alguém fizesse com o corpo, pois os atos externos, segundo criam, não afetavam o homem. Consequentemente, levavam uma vida imoral e induziam as pessoas a fazer o mesmo.

Numa época em que a igreja cristã dá pouco valor ao estudo da doutrina, quando alguns incautos chegam até a afirmar que a doutrina divide em vez de edificar, precisamos atentar para o fato de que a maior ameaça à igreja não é a pobreza nem a perseguição, mas a heresia. O gnosticismo devastou a igreja nos três primeiros séculos. Esses mestres do engano ensinavam que a verdade, especialmente, a verdade última, não poderia ser alcançada pela mente, pelo uso da razão, nem mesmo pela investigação científica. O único caminho para conhecer a verdade de Deus era através da intuição mística que estava além das categorias da razão e do testemunho experimental. O gnosticismo tentou amalgamar o cristianismo com a filosofia grega e o dualismo oriental. Hoje, a Nova Era tem sido o principal veículo para espalhar as doutrinas do velho gnosticismo.[28]

Uwe Holmer define gnosticismo nos seguintes termos:

> Gnosticismo (do grego *gnosis* = conhecimento) é uma designação genérica para movimentos religiosos que fazem com que a redenção e a libertação do ser humano dependam do conhecimento sobre natureza, origem e destino do mundo, da vida humana e das esferas divinas. Por gnosticismo e gnose entende-se uma linha no judaísmo, helenismo e cristianismo do século 1 a.C., até o século 4 a.C., que tentava chegar a um conhecimento de Deus e cujo alvo era a divinização das pessoas espirituais (pneumáticas) pela contemplação da divindade e, com frequência, pela unificação com ela pelo êxtase.[29]

Em segundo lugar, *a segunda vinda de Cristo*. Kistemaker afirma que, em 2Pedro são desenvolvidos os seguintes temas escatológicos: o julgamento divino, a destruição do mundo e a promessa de novos céus e nova terra. Especialmente no terceiro capítulo, Pedro se refere ao Dia do Senhor, que é o dia do julgamento, o dia de Deus (3.7,8,10,12). Enquanto 2Pedro dedica um capítulo para tratar da segunda vinda de Cristo e do julgamento, 1Pedro faz uma única alusão a esse dia (2.12).[30]

Nenhum outro livro do Novo Testamento possui detalhes tão claros acerca do fim do universo. Pedro anuncia a promessa de um novo céu e uma nova terra (3.13; Is 65.17; 66.22; Ap 21.1). Descreve o novo céu e a nova terra como lugares *nos quais habita justiça* (3.13). Os cristãos, que já são coparticipantes da natureza divina (1.4) e aguardam a entrada no reino eterno de nosso Senhor e Salvador Jesus Cristo (1.11), desfrutarão para sempre deste lar na nova criação de Deus. Kistemaker esclarece que os cristãos experimentam, portanto, em sua vida de fé, a tensão entre o "já" e o "ainda não"; o "agora" e o "então".[31] William MacDonald aponta que é no meio da trevosa escuridão da apostasia que essa pequena carta, sobranceira e confiantemente, olha para frente, para a vinda de nosso Senhor Jesus Cristo.[32]

Em terceiro lugar, *a supremacia da Palavra de Deus*. Tanto a primeira como a segunda carta de Pedro enfatizam a inspiração das Escrituras (1Pe 1.23-25; 2Pe 1.20,21). Pedro entendia que as Escrituras do Antigo Testamento foram inspiradas pelo Espírito Santo, ou seja, os escritores humanos não publicaram suas próprias ideias, mas a revelação de Deus.[33] Os escritores não eram a fonte da mensagem, mas seus portadores. As Escrituras não são palavras de homens, mas a Palavra de Deus enviada por intermédio de homens santos, inspirados pelo Espírito Santo. Essa palavra é inspirada, inerrante, infalível e suficiente. Ela não pode falhar.

Em quarto lugar, *o conhecimento de Deus*. Em sua primeira epístola, Pedro enfatizou a graça de Deus (1Pe 5.12); porém, na segunda, destacou o conhecimento de Deus. O termo "conhecer" ou "conhecimento" é usado pelo menos treze vezes nessa breve epístola.[34] Enquanto os gnósticos estribavam seu ensino num conhecimento místico, Pedro deixava claro que o verdadeiro conhecimento de Deus não vem por meio do êxtase, mas por meio de Cristo.

Em quinto lugar, *Jesus como Salvador*. Se a Primeira Carta de Pedro dá um destaque para o sofrimento, a morte, a ressurreição e a ascensão de Cristo, a Segunda Carta realça a sua transfiguração. Pedro mostra uma preferência pelo uso do termo "Salvador" para se referir a Jesus (1.1,11; 2.20; 3.2,18).

NOTAS DO CAPÍTULO 1

[1] KISTEMAKER, Simon. *Epístolas de Pedro e Judas*. São Paulo: Cultura Cristã, 2006, p. 287.
[2] GREEN, Michael. *II Pedro e Judas: introdução e comentário*. São Paulo: Vida Nova, 2008, p. 15.
[3] GREEN, Michael. *II Pedro e Judas*, p. 7.
[4] BARCLAY, William. *Santiago, I y II Pedro*. Buenos Aires: La Aurora, 1974, p. 321.
[5] SPROUL, R. C. *1-2 Peter*. Wheaton, IL: Crossway, 2011, p. 195.
[6] SPROUL, R. C. *1-2 Peter*, p. 200.
[7] KISTEMAKER, Simon. *Epístolas de Pedro e Judas*, p. 287.
[8] MACDONALD, William. *Believer's Bible Commentary*. Nashville, TN: Thomas Nelson Publishers, 1995, p. 2285.
[9] KISTEMAKER, Simon. *Epístolas de Pedro e Judas*, p. 289.
[10] GREEN, Michael. *II Pedro e Judas*, p. 34.
[11] KISTEMAKER, Simon. *Epístolas de Pedro e Judas*, p. 292,293.

12. MacDonald, William. *Believer's Bible Commentary*, p. 2286.
13. MacDonald, William. *Believer's Bible Commentary*, p. 2286.
14. Kistemaker, Simon. *Epístolas de Pedro e Judas*, p. 309.
15. Eusébio de Cesareia. *História eclesiástica,* II: 25,5.
16. Sproul, R. C. *1-2 Peter*, p. 195.
17. Barclay, William. *Santiago, I y II Pedro*, p. 323.
18. Calvin, John. *Calvin's Commentaries.* Vol. 22. Grand Rapids, MI:, 2006, p. 363.
19. Green, Michael. *II Pedro e Judas*, p. 12.
20. Sproul, R. C. *1-2 Peter*, p. 202.
21. Kistemaker, Simon. *Epístolas de Pedro e Judas*, p. 303.
22. Green, Michael. *II Pedro e Judas*, p. 36.
23. Pearlman, Myer. *Através da Bíblia.* Miami, FL: Vida, 1987, p. 327.
24. Gundry, Robert H. *Panorama do Novo Testamento.* São Paulo: Vida Nova, 1978, p. 395,396.
25. Kistemaker, Simon. *Epístolas de Pedro e Judas*, p. 304.
26. Kistemaker, Simon. *Epístolas de Pedro e Judas*, p. 308.
27. Barclay, William. *Santiago, I y II Pedro*, p. 322.
28. Sproul, R. C. *1-2 Peter*, p. 200,201.
29. Holmer, Uwe. *Cartas de Tiago, Pedro, João e Judas.* Curitiba: Esperança, 2008, p. 253.
30. Kistemaker, Simon. *Epístolas de Pedro e Judas*, p. 297.
31. Kistemaker, Simon. *Epístolas de Pedro e Judas*, p. 305.
32. MacDonald, William. *Believer's Bible Commentary*, p. 2285.
33. Kistemaker, Simon. *Epístolas de Pedro e Judas*, p. 298.
34. Wiersbe, Warren W. *Comentário bíblico expositivo.* Santo André: Geográfica, 2006, p. 563.

Capítulo 2

O crescimento no conhecimento de Deus
(2Pe 1.1-11)

Essa é a segunda carta que Pedro escreve. Na primeira, ele encorajava os crentes dispersos da Ásia Menor, em virtude da chegada do sofrimento; nessa, exorta os crentes em face do ataque dos falsos mestres. Vejamos alguns destaques:

Remetente, destinatários e saudação

Em primeiro lugar, *o nome do remetente é mencionado* (1.1a). *Simão Pedro...* Simão Pedro era natural de Betsaida, cidade às margens do mar da Galileia. Irmão de André e empresário na área de pesca, deixou as redes para seguir a Cristo, que fez dele um pescador de homens. Pedro tornou-se o líder do grupo apostólico e seu principal porta-voz. Depois do Pentecostes foi o grande líder da igreja de Jerusalém; Lucas dedica ao ministério de Pedro a primeira parte do livro de Atos. Kistemaker sugere que os pais de Simão lhe deram esse nome quando de seu nascimento; porém, quando Jesus chamou Simão para ser seu seguidor, deu-lhe o nome de Pedro, que na língua aramaica é Cefas.[35]

Em segundo lugar, *as credenciais do remetente são oferecidas* (1.1b). ...*servo e apóstolo de Jesus Cristo*... Depois de se identificar a seus leitores, Pedro apresenta suas credenciais. A associação de "servo" e "apóstolo" é maravilhosa. Como servo, ele demonstra sua humildade; como apóstolo, sua autoridade. Como servo, ele está a serviço do seu Senhor; como apóstolo, representa seu Senhor. Michael Green diz que "apóstolo" ressalta sua solidariedade com Cristo, e "servo", com seus leitores.[36] Nessa mesma linha de pensamento, Kistemaker informa que Pedro usa essa combinação para indicar que, como servo, ele está no mesmo nível de qualquer outro servo de Jesus Cristo, mas, como apóstolo, ele recebe plena autoridade de Jesus Cristo. Em sua pregação e escritos, Pedro transmite não apenas sua própria mensagem, mas também a mensagem do Senhor.[37]

O significado de "servo" precisa ser entendido dentro do contexto da escravidão no Império Romano. Havia mais de sessenta milhões de escravos no império. A palavra grega *doulos,* usada por Pedro, denota que o escravo ou servo é uma pessoa que foi comprada por aquele que se torna seu senhor. O escravo existe para o seu senhor e é sua propriedade exclusiva. Vive para agradar a seu senhor. Ao mesmo tempo, esse termo revela grande honra, pois os homens mais distintos do passado, como Moisés, Josué e Davi, foram chamados de "servos de Deus".

Já o termo "apóstolo" é uma designação para os Doze e para o apóstolo Paulo. Foram pessoas chamadas diretamente pelo Senhor Jesus, que testemunharam sua ressurreição. Os apóstolos precisavam ser apresentados com as devidas credenciais (2Co 12.12). Os apóstolos e os profetas foram colunas da igreja. Não tiveram sucessores. Sendo assim, a designação do termo aplicada hoje a determinados líderes não tem amparo bíblico.

Em terceiro lugar, *os destinatários da carta são mencionados* (1.1c). *... aos que conosco obtiveram fé igualmente preciosa na justiça do nosso Deus e Salvador Jesus Cristo.* Pedro não é explícito acerca dos destinatários, porque já havia deixado isso claro na primeira epístola (1Pe 1.1) e também porque está escrevendo sua segunda carta para o mesmo público (3.1). Nesta missiva, Pedro definiu seus destinatários apenas como crentes que obtiveram fé preciosa na justiça de Cristo, nosso Deus e Salvador, ou seja, o apóstolo não estava interessado no lugar em que esses crentes habitavam, mas nos bens espirituais que os leitores tinham em comum com o apóstolo.[38]

A fé, o bem comum entre os cristãos e o apóstolo, não tem origem no homem, mas em Deus. É obtida e não conquistada; é dádiva de Deus (Ef 2.8,9). Essa fé pode ser tanto objetiva (o conteúdo da verdade) quanto subjetiva (confiança em Deus). Essa fé é a mesma dos apóstolos. Os apóstolos estão no mesmo patamar de todos os crentes em Cristo Jesus. Embora haja diferença de funções na igreja de Deus, não há hierarquia no corpo de Cristo.

Michael Green diz que a fé é a confiança que traz a salvação ao ser humano quando este agarra a mão de Deus a ele estendida. A fé é a capacidade, dada por Deus, de confiar nele, disponível igualmente aos judeus, gentios, apóstolos e cristãos do século 21.³⁹ Pedro deixa claro que a fé salvadora é a fé no Cristo crucificado; o qual, por meio de seu sacrifício, alcançou-nos a justificação.

Warren Wiersbe diz corretamente que, quando cremos em Jesus como Salvador, sua justiça passa a ser nossa justiça e nos tornamos justos diante de Deus (2Co 5.21).⁴⁰ O próprio Pedro ressaltou essa verdade em sua primeira carta, quando escreveu: *Pois também Cristo morreu, uma única vez, pelos pecados, o justo pelos injustos, para conduzir-vos a Deus...* (1Pe 3.18). Pedro diz ainda que *...Cristo sofreu em vosso lugar [...] carregando ele mesmo em seu corpo, sobre o madeiro, os nossos pecados, para que nós, mortos para os pecados, vivamos para a justiça; por suas chagas fostes sarados* (1Pe 2.21,24). A morte de Cristo foi substitutiva. Ele teve morte vicária. Somos justificados não por nossa própria justiça, mas pela justiça de Cristo imputada a nós.

Cristo que é a nossa justiça é também o nosso Deus e Salvador. Os cristãos primitivos estavam totalmente convictos da divindade de Jesus (Jo 20.28; Rm 9.5; Cl 2.9; Tt 2.13; Hb 1.8). Essa afirmativa de Pedro lança por terra todas as seitas que negam tanto a divindade de Jesus Cristo como a doutrina da Trindade. Deus é um só, mas subsiste em três pessoas distintas, de tal forma que o Pai não é o Filho nem o Filho é o Pai. O Espírito Santo não é nem o Pai nem o Filho. Embora a palavra "Trindade" não esteja presente na Bíblia, o seu conceito é amplamente encontrado.

Em quarto lugar, *a saudação é dada* (1.2): *Graça e paz vos sejam multiplicadas, no pleno conhecimento de Deus e de Jesus Cristo, nosso Senhor.* "Graça e paz" era a maneira mais comum dos apóstolos saudarem os crentes (1Co 1.3; 2Co 1.2; Gl 1.3; Ef 1.2; Fp 1.2; Cl 1.2; 1Ts 1.1; 2Ts 1.2; Tt 1.4; 1Pe 1.2). A paz flui da graça, e a graça é a fonte da paz. Graça é a raiz, e paz é o fruto. Graça é a causa, e paz é a consequência. Onde há graça, também há paz; e não há paz sem graça. A graça é o favor de Deus a pecadores indignos, e a paz é a condição daqueles que foram reconciliados com Deus.

A oração de Pedro é que Deus nos envie uma quantidade cada vez maior tanto de graça quanto de paz. Concordo com Kistemaker quando ele diz que a principal preocupação de Pedro é que os cristãos aumentem seu conhecimento pessoal de Jesus Cristo, seu Senhor e Salvador.[41] Esse conhecimento é tanto intelectual quanto experimental. Aumenta pelo estudo da Palavra e também pela oração. O conhecimento de Deus é uma das principais ênfases dessa epístola. E isso porque Pedro está combatendo a influência perniciosa dos falsos mestres, que diziam que o homem só pode chegar a Deus por intermédio de um conhecimento místico e esotérico. Pedro refuta os paladinos da heresia, afirmando que o conhecimento de Deus só é possível por meio de Jesus Cristo. Jesus é a exegese de Deus, a plenitude da divindade, a expressa imagem do seu Ser. Ninguém pode chegar a Deus, exceto por meio de Jesus. Ninguém pode ver o Pai, senão olhando para Jesus.

A provisão divina para a piedade

Depois de saudar os crentes, Pedro começa a falar sobre a qualidade superlativa de vida que Deus concedeu a eles. Em contraste com os falsos mestres, Pedro deixa claro que os recursos para uma vida piedosa não vêm do esforço humano nem do conhecimento místico, mas da doação divina. Destacaremos algumas verdades sobre a provisão divina:

Primeiro, *a fonte da provisão divina* (1.3a): *Visto como, pelo seu divino poder, nos têm sido doadas todas as coisas...*

Toda a provisão para uma vida piedosa e santa vem de Deus. O poder de Deus é um reservatório inesgotável do qual jorram os recursos celestes para vivermos uma vida digna dele. Na verdade, temos à nossa disposição toda a suprema grandeza do poder de Deus. O mesmo poder que ressuscitou Jesus dentre os mortos está à disposição da igreja. Não precisamos viver uma vida fraca e impotente, pois todas as coisas nos são doadas a partir do poder daquele que é Onipotente!

Segundo, *o propósito da provisão divina* (1.3b): ... *que conduzem à vida e à piedade...* Deus não nos salvou *no* pecado, mas *do* pecado. E salvou-nos do pecado *para* a santidade. O propósito de Deus em nos alcançar com sua graça é nos levar por caminhos de vida e de piedade. A piedade tem que ver com um correto relacionamento com Deus. Um cristão não pode viver nas sombras da morte, no território nebuloso do pecado, imiscuído em práticas escandalosas. Não podemos viver na impiedade, pois dela fomos resgatados. Não podemos viver no pecado, pois dele fomos libertos.

Terceiro, *a apropriação da provisão divina* (1.3c): ... *pelo conhecimento completo daquele que nos chamou para a sua própria glória e virtude.* Os gnósticos alegam que o homem chega a Deus pelo conhecimento esotérico, mas Pedro diz que nos apropriamos da provisão divina na medida em que conhecemos plenamente a Cristo, a revelação suprema de Deus, aquele que nos chamou para sermos herdeiros da glória no futuro e nos capacita a vivermos de forma virtuosa no presente.

Jesus chama os homens para sua excelência moral, *arete* ("virtude"), e para o impacto da sua Pessoa, *doxa* ("glória"). Warren Wiersbe argumenta que, assim como cada bebê possui estrutura genética definida que determina o modo como ele vai crescer, também o cristão é "geneticamente estruturado" para experimentar "glória e virtude".[42] Em 2Pedro 1.3,5 é usada a palavra grega *epignosis*, em vez de *gnosis*, para falar sobre o conhecimento. Michael Green mostra que a diferença entre essas palavras é que *gnosis* fala sobre um conhecimento abstrato e *epignosis* fala sobre um conhecimento particular e experimental.[43]

Quarto, *as bênçãos da provisão divina* (1.4a): *Pelas quais nos têm sido doadas as suas preciosas e mui grandes promessas...* Pedro é eloquente ao descrever as promessas de Deus. Tem o cuidado de adjetivá-las com grande ênfase. As promessas de Deus são preciosas e imensas. Ao que parece, Pedro gosta do adjetivo *precioso*, pois escreve sobre a *fé igualmente preciosa* (1.1; 1Pe 1.7), as *preciosas e mui grandes promessas* (1.4), o *precioso sangue* (1Pe 1.19), a *pedra preciosa* (1Pe 2.4,6) e o *Salvador precioso* (1Pe 2.7).[44] A fé cristã não é um caminho de sacrifício sem recompensa, mas uma estrada ladeada por promessas benditas, abundantes e gloriosas. A vida cristã não é uma jornada penosa e frustrante. Temos preciosas e mui grandes promessas. Aquele que fez as promessas é fiel para cumpri-las.

Quinto, *o alcance da provisão divina* (1.4b): *... para que por elas vos torneis coparticipantes da natureza divina...* Deus nos resgatou de uma grande condenação para uma grande salvação. Por intermédio das preciosas e mui grandes promessas de Deus, nascemos do Espírito, nascemos do alto, e passamos a fazer parte da família de Deus. Estamos sendo transformados de glória em glória à imagem de Cristo. Deus está esculpindo em nós o caráter de Cristo. Tornamo-nos coparticipantes da natureza divina. Como o bebê compartilha da natureza dos pais, a pessoa nascida de Deus compartilha da natureza de Deus.[45]

De acordo com Michael Green, Pedro não quer dizer que o ser humano é absorvido pela divindade; tal coisa dissolveria a identidade pessoal e, ao mesmo tempo, tornaria impossível qualquer encontro entre o indivíduo e Deus. O que Pedro está dizendo aqui é o mesmo que Paulo declara em Romanos 8.9 e Gálatas 2.20 e que João afirma em 1João 5.1. É também o mesmo princípio que o próprio Pedro anuncia em 1Pedro 1.23.[46] Nós somos filhos de Deus por adoção e também por natureza. Como Juiz, Deus não apenas nos justificou, mas também nos adotou em sua família. Saímos do tribunal de Deus não como réus condenados, mas como filhos adotados. Aquele que nos deveria sentenciar à morte, esse nos adota como filhos. E isso por causa da justiça de Cristo, imputada a nós. No entanto, mais que isso, somos filhos também por natureza, pois nascemos da água e do Espírito. Recebemos uma nova natureza e um novo coração. Temos agora não apenas o nome do nosso Pai, mas também sua natureza, seu caráter e sua semelhança.

Sexto, *a solene advertência da provisão divina* (1.4c): *... livrando-vos da corrupção das paixões que há no mundo.* A salvação implica rompimento com a velha vida de pecado. As paixões do mundo corrompem, mas a obra de Deus em nós e por nós nos santifica. Concordo com Warren Wiersbe quando diz que a natureza determina o *desejo:* O porco quer chafurdar na lama e o cão deseja voltar ao seu vômito (2.22), mas as ovelhas anseiam por pastos verdejantes. A natureza também determina o *comportamento*: As águias voam e os golfinhos nadam porque é de sua natureza proceder desse modo. A natureza determina a escolha do *ambiente*: Os esquilos sobem nas árvores, as toupeiras fazem tocas debaixo da terra e as trutas nadam na água. A natureza também determina a *associação*: os leões andam em bandos, as ovelhas em rebanhos, os peixes em cardumes. Se a natureza determina os desejos, e se temos dentro de nós a natureza de Deus, então devemos ansiar por aquilo que é puro e santo.[47] O próprio Jesus nos exortou: *Sede vós perfeitos como perfeito é o vosso Pai Celeste* (Mt 5.48).

O crescimento diligente rumo à maturidade

Pedro ensina que a vida cristã exige empenho, dedicação e esforço: *Por isso mesmo, vós, reunindo toda a vossa diligência...* (1.5a). Há duas coisas essenciais na vida: nascer e crescer. Onde há vida, precisa existir crescimento. Michael Green tem razão em dizer: "A falta de crescimento espiritual é um sinal de morte espiritual".[48] Esse crescimento espiritual, porém, não é automático. Requer diligência e disciplina espiritual. Paulo escreveu aos filipenses: *Desenvolvei a vossa salvação* [...]; *porque Deus é quem efetua em vós tanto o querer como o realizar* (Fp 2.12,13). Um crente displicente é uma contradição de termos, uma vez que a graça de Deus exige e também capacita que o crente seja diligente. Quais são os instrumentos divinos para nos levar a esse crescimento espiritual? Pedro selecionou uma lista de virtudes que devem ser encontradas numa vida cristã sadia.[49] Cada virtude dá origem à seguinte e a facilita.

Em primeiro lugar, *a fé e a virtude* (1.5b). ... *associai com a vossa fé a virtude*. Michael Green lança luz para entendimento desse assunto, quando nos oferece o histórico do verbo grego *epichoregein*, "associai". Essa palavra é fascinante. É uma metáfora tirada dos festivais atenienses de drama, em que um indivíduo rico, chamado de *choregos*, pagava as despesas do coro, juntando-se ao Estado e ao poeta para fazer e realizar as peças de teatro. Esta podia ser uma atividade dispendiosa, mas, mesmo assim, os *choregoi* competiam entre si na questão dos equipamentos e do treinamento dos coros. Logo, a palavra veio a significar cooperação generosa e dispendiosa. O cristão deve ocupar-se desse tipo de cooperação com Deus para produzir uma vida cristã que é para a honra dele.[50]

Pedro começa sua lista com a fé. A fé é a pedra fundamental sobre a qual estão erigidas todas as colunas da vida cristã. Kistemaker, citando Guthrie, diz que essas virtudes são inalcançáveis, até que se tenha dado o passo inicial de fé.[51] O crente é salvo pela fé, vive pela fé, vence pela fé e caminha de fé em fé. A fé não vem só; ela é acompanhada pela virtude e virtude tem a ver com excelência. A vida do cristão precisa refletir a excelência do caráter de Cristo. Nosso alvo é chegar à estatura de Cristo, à semelhança do Filho de Deus, o homem perfeito e excelente. Nessa mesma trilha de pensamento, Warren Wiersbe diz que a virtude cristã não consiste em "lustrar" qualidades humanas, por melhores que sejam, mas em produzir qualidades divinas que tornam uma pessoa mais semelhante a Jesus Cristo.[52]

Em segundo lugar, *a virtude e o conhecimento* (1.5). A virtude deve ser associada ao conhecimento. A palavra grega *epignosis*, traduzida aqui por "conhecimento" (1.2,3,5) significa conhecimento pleno ou conhecimento crescente. Refere-se ao conhecimento prático ou discernimento. Tem que ver com a capacidade de lidar de forma certa e adequada com a vida.[53] Este conhecimento é obtido no exercício prático da bondade. Ressalto, mais uma vez, que Pedro está, com isso, rechaçando a heresia dos falsos mestres gnósticos, que ensinavam o povo a buscar um conhecimento místico e esotérico, com o fim de conduzi-lo a Deus. Esse conhecimento era apenas para os iniciados, para aqueles que se submetiam a determinados rituais místicos.

O verdadeiro conhecimento de Deus não está no misticismo, mas em Cristo Jesus. Não deve ser buscado através de experiências esotéricas, mas nas Escrituras.

Em terceiro lugar, *o conhecimento e o domínio próprio* (1.6). O conhecimento deve ser associado ao domínio próprio. A palavra grega *egkrateia,* "domínio próprio", significa autocontrole, e esse autocontrole é fruto do Espírito e não esforço da carne (Gl 5.23). O livro de Provérbios dá grande destaque ao domínio próprio: *Melhor é o longânimo do que o herói da guerra, e o que domina o seu espírito, do que o que toma uma cidade* (Pv 16.32). O apóstolo comparou o cristão com um atleta que precisa ter disciplina e autocontrole para conquistar o prêmio (1Co 9.24-27; Fp 3.12-16; 1Tm 4.7,8). Domínio próprio significa controlar as paixões ao invés de ser controlado por elas. É a submissão ao controle de Cristo que habita no crente. Enquanto os falsos mestres gnósticos ensinavam que o conhecimento os libertava da necessidade de controle próprio (2.10; 3.3), Pedro enfatizava que o verdadeiro conhecimento leva ao domínio próprio. Qualquer sistema religioso que divorcia a religião da ética é fundamentalmente heresia.[54] O misticismo dos falsos mestres desaguava em dois extremos perigosos: ascetismo e licenciosidade. Ambos são nocivos e incompatíveis com a vida cristã. O cristão não é um eremita nem um depravado. Cristo não nos tirou fisicamente do mundo, mas nos salvou do mundo e nos enviou como luzeiros a brilhar numa geração dominada pelas trevas. O cristão é alguém que tem domínio próprio, que não é governado por paixões internas nem por pressões externas.

Em quarto lugar, *o domínio próprio e a perseverança* (1.6). O domínio próprio deve ser associado à perseverança.

A palavra grega *hupomone*, traduzida aqui por "perseverança", significa paciência triunfadora em circunstâncias difíceis. Warren Wiersbe explica que o domínio próprio ajuda a lidar com os prazeres da vida, enquanto a perseverança diz respeito principalmente às pressões e aos problemas da vida.[55] Michael Green vai além e ressalta que "perseverança" é a disposição mental que não é abalada pela dificuldade e pela aflição, e que pode resistir a duas agências satânicas: a oposição do mundo da parte de fora, e a sedução da carne da parte de dentro.[56]

A vida cristã, embora gloriosa, não é um mar de rosas. Não pisamos aqui em tapetes aveludados. Aqui ainda não é o céu. Aqui choramos e gememos. Aqui somos assolados por tempestades e navegamos por mares revoltos. Aqui cruzamos desertos tórridos e atravessamos vales escuros. Sofremos ainda ataques externos e temores internos. Para lidar com essas circunstâncias adversas, precisamos de *hupomone*, uma paciência triunfadora. Isso não é estoicismo. Não trincamos os dentes para enfrentar as lutas da vida. Não se trata apenas de ter paciência, mas uma paciência que exulta mesmo no vale da provação. O cristão tempera suas lágrimas com uma alegria indizível e cheia de glória. Vive com os pés no vale, mas com o coração no céu. Ergue a voz para louvar a Deus não apenas depois da vitória, mas a fim de alcançar a vitória. Gloria-se nas fraquezas, canta nas prisões e marcha resoluto mesmo que seja para o martírio!

Em quinto lugar, *a perseverança e a piedade* (1.6). A perseverança deve ser associada à piedade. O termo grego *eusebeia*, traduzido por "piedade", é a palavra primária para "religião", no uso pagão popular. Michael Green diz que se trata daquela consciência muito prática de Deus em todos os aspectos da vida.[57] Piedade é a virtude que descreve nosso relacionamento certo com Deus. É a qualidade do caráter que torna uma pessoa distinta. Ela vive acima das coisas mesquinhas da vida, das paixões e pressões que controlam a existência dos outros.[58] Num mundo que valoriza tanto o poder, o sucesso, a riqueza e a saúde, em detrimento dos valores espirituais, é preciso compreender que a nossa maior necessidade é de uma vida piedosa. O apóstolo chega a dizer que a piedade para tudo é proveitosa.

Em sexto lugar, *a piedade e a fraternidade* (1.7). A piedade deve ser associada à fraternidade. A palavra grega *philadelfia,* traduzida aqui por "fraternidade", significa amar o próximo como se ama a um irmão de sangue. Amamos os nossos irmãos de sangue não apenas por suas virtudes, mas apesar de suas fraquezas; não apenas por causa de seus méritos, mas apesar de seus deméritos. É assim que devemos amar uns aos outros na igreja de Deus. Pedro fala sobre o amor fraternal não fingido (1Pe 1.22). O autor de Hebreus enfatiza que deve ser constante o amor fraternal (Hb 13.1). Devemos amar nossos irmãos sejam quais forem suas diferenças de cultura, classe e afiliação eclesiástica. Isso acarreta levarmos os fardos uns dos outros.[59]

Em sétimo lugar, *a fraternidade e o amor* (1.7). A fraternidade deve ser associada ao amor. A palavra grega ágape significa amor sacrificial, incondicional. Foi o amor demonstrado por Jesus na cruz. Da mesma forma que Cristo nos amou e se entregou por nós, devemos amar uns aos outros e também entregar nossa vida (1Jo 3.16). Esse amor é a prova irrefutável de que somos discípulos de Cristo (Jo 13.34,35). O amor é a apologética final, o último e decisivo argumento de que, de fato, pertencemos à família de Deus. A causa desse amor não está no objeto amado, mas na pessoa que ama. Não amamos por causa dos méritos das pessoas, mas apesar de seus deméritos. Michael Green é oportuno quando escreve:

> Na amizade (*philia*) os parceiros buscam mútuo conforto; no amor sexual (*eros*), mútua satisfação. Nos dois casos, estes sentimentos foram despertados por causa daquilo que a pessoa amada é. No caso de ágape, a situação é inversa. O amor de Deus (ágape) é despertado não por aquilo que somos, mas, sim, por quem Deus é. Tem sua origem no agente, não no objeto. Não é que nós sejamos amáveis, mas, sim, que ele é amor.[60]

As implicações práticas do crescimento espiritual

Depois de falar sobre os degraus do crescimento espiritual, Pedro mostra as implicações práticas desse crescimento. Menciona três resultados práticos:

Primeiro, *uma vida frutífera* (1.8): *Porque estas coisas, existindo em vós e em vós aumentando, fazem com que não sejais inativos, nem infrutuosos no pleno conhecimento de nosso Senhor Jesus Cristo.* Um cristão estagnado é infrutífero e inativo. Não tem fruto nem obras. É ineficaz. Quem não cresce não faz nada de útil para o reino de Deus. A falta de crescimento sinaliza falta de vida. O pleno conhecimento de Cristo implica necessariamente numa vida ativa e frutífera. Obviamente, Pedro está mostrando mais uma vez que esse conhecimento não é apenas intelectual. Um teólogo de gabinete que caminha com desenvoltura pelos volumes mais densos da teologia, e que conhece com profundidade todas as vertentes teológicas, não tem automaticamente uma vida ativa e frutífera no reino de Deus. Não basta ter luz na cabeça. É preciso ter fogo no coração e obras que abençoam o próximo e glorificam a Deus.

Segundo, *uma visão clara* (1.9): *Pois aquele a quem estas coisas não estão presentes é cego, vendo só o que está perto, esquecido da purificação dos seus pecados de outrora.* Um crente estagnado não tem discernimento espiritual. Sua visão é embaçada e turva. Está cego, como estava cega a igreja de Laodiceia (Ap 3.17). É um míope espiritual. Mas, se um homem é cego, como pode ser míope? Se Pedro tinha em mente este significado, talvez quisesse dizer que tal homem estava cego às coisas celestiais, e totalmente ocupado com as terrestres; não podia ver o que está longe, mas somente o que está perto.[61] Tal pessoa é capaz de ver as coisas da terra, que estão próximas a ela, mas não pode enxergar as coisas celestiais, que estão distantes. Ela é espiritualmente cega.[62]

Pedro diz que o crente que não discerne a obra da redenção, não compreende a cruz e não atenta para a imensidão do amor de Deus, não tem ânimo para agradecer a Deus pela salvação ou entusiasmo para anunciar a salvação aos outros.

Terceiro, *uma segurança inabalável* (1.10,11): *Por isso, irmãos, procurai, com diligência cada vez maior, confirmar a vossa vocação e eleição; porquanto, procedendo assim, não tropeçareis em tempo algum. Pois desta maneira é que vos será amplamente suprida a entrada no reino eterno de nosso Senhor e Salvador Jesus Cristo.* Warren Wiersbe está correto quando diz que a prova de que o indivíduo é salvo não é sua profissão de fé, mas seu progresso na fé.[63] Vocação e eleição andam juntas. Ninguém pode sustentar que é um eleito de Deus e foi chamado por Deus se está vivendo na contramão da vontade do Senhor. Somente uma vida santa é evidência da vocação e eleição. Michael Green afirma que a eleição advém de Deus somente – mas o comportamento do homem é a prova ou a refutação dessa eleição.[64]

A exortação de Pedro é assaz oportuna, pois muitos crentes rejeitam a doutrina da eleição e outros a torcem. A eleição é uma doutrina bíblica. Está presente no Antigo e no Novo Testamentos. Não fomos nós que escolhemos a Deus; foi ele quem nos escolheu (Jo 15.16). Fomos escolhidos antes dos tempos eternos (2Tm 1.9). Fomos escolhidos antes da fundação do mundo (Ef 1.4). Fomos escolhidos desde o princípio (2Ts 2.13). Fomos eleitos para sermos santos e irrepreensíveis (Ef 1.4). Fomos escolhidos pela obediência do Espírito e fé na verdade (2Ts 2.13). Fomos escolhidos para a fé, e não por causa da fé (At 13.48). Fomos escolhidos para a santidade, e não por causa da santidade (Ef 1.4). Fomos eleitos para as boas obras, e não por causa delas (Ef 2.10).

Porém, equivocam-se aqueles que se agarram à doutrina da eleição para justificar sua pretensa segurança, vivendo ao mesmo tempo em pecado. A única evidência da eleição é a santidade. Deus não nos escolheu para vivermos em pecado, mas para vivermos em santidade. Aqueles que vivem um arremedo de vida cristã e se julgam seguros por causa da eleição deveriam provar a si mesmos se estão de fato na fé.

De igual forma, estão enganados aqueles que usam a doutrina da eleição para assumir uma postura de acomodação em relação ao ímpeto evangelístico. A doutrina da eleição não deve ser um jato de água fria no impulso missionário da igreja, mas um fator de encorajamento. O Senhor disse a Paulo, em Corinto: *Fala e não te cales* [...], *pois tenho muito povo nessa cidade* (Atos 18.9,10). A eleição divina nos dá a garantia de que a evangelização é uma obra vitoriosa, pois as ovelhas de Cristo atenderão a sua voz. Aqueles que Deus predestina, a esses também chama, e chama eficazmente. Posso afirmar, com inabalável convicção, que aquilo que as pessoas rejeitam não é a doutrina da eleição, mas suas lamentáveis distorções.

Dois resultados advêm da confirmação da vocação e da eleição. Primeiro, *não tropeçareis em tempo algum* (1.10), ou seja, os crentes serão poupados de uma derrota desastrosa. Pedro tinha experiência nesse fato. Por não vigiar, negou a Jesus três vezes. Segundo, *vos será amplamente suprida a entrada no reino eterno de nosso Senhor e Salvador Jesus Cristo* (1.11). Só entrarão no reino eterno os que permanecerem fiéis até o fim (Ap 3.10). Aqueles que apenas têm aparência de salvos e, como as virgens néscias, estiverem sem azeite em suas lâmpadas, ficarão de fora naquele glorioso dia. Não há nada mais desastroso que a falsa segurança. Jesus concluiu o Sermão do Monte, afirmando que muitos, no dia final, clamarão: *Senhor, Senhor!*. Essa é uma profissão ortodoxa e fervorosa. Eles justificarão sua profissão de fé, estadeando suas grandes realizações: *Porventura não temos nós profetizado em teu nome, e em teu nome não expelimos demônios, e em teu nome não fizemos muitos milagres?* (Mt 7.22). Fizeram obras espetaculares. Realizaram coisas extraordinárias. Impressionaram as pessoas pela grandeza de suas realizações. Jesus não negará essas obras, mas lhes dirás: *Apartai-vos de mim, os que praticais a iniquidade* (Mt 7.23). Essas pessoas tiveram apenas um relacionamento nominal com Cristo, mas nenhuma intimidade com ele. Possuíam apenas um conhecimento intelectual da verdade, mas não haviam sido transformadas por essa verdade. Faziam coisas sagradas, mas, ao mesmo tempo, viviam na prática da iniquidade. Os que entrarão no reino eterno de nosso Senhor e Salvador não são aqueles que fazem apenas uma profissão de lábios, mas aqueles que vivem de modo digno do Senhor.

NOTAS DO CAPÍTULO 2

35 KISTEMAKER, Simon. *Epístolas de Pedro e Judas*, p. 320.
36 GREEN, Michael. *II Pedro e Judas*, p. 57.
37 KISTEMAKER, Simon. *Epístolas de Pedro e Judas*, p. 321.
38 KISTEMAKER, Simon. *Epístolas de Pedro e Judas*, p. 321.
39 GREEN, Michael. *II Pedro e Judas*, p. 57.
40 WIERSBE, Warren W. *Comentário bíblico expositivo*. Vol. 6, 2006, p.563.
41 KISTEMAKER, Simon. *Epístolas de Pedro e Judas*, p. 325.
42 WIERSBE, Warren W. *Comentário bíblico expositivo*. Vol. 6, p. 564.
43 GREEN, Michael. *II Pedro e Judas*, p. 59.
44 WIERSBE, Warren W. *Comentário bíblico expositivo*. Vol. 6, p. 564.
45 WIERSBE, Warren W. *Comentário bíblico expositivo*. Vol. 6, p. 564.
46 GREEN, Michael. *II Pedro e Judas*, p. 62.
47 WIERSBE, Warren W. *Comentário bíblico expositivo*. Vol. 6, p. 564,565.
48 GREEN, Michael. *II Pedro e Judas*, p. 68.
49 GREEN, Michael. *II Pedro e Judas*, p 63.
50 GREEN, Michael. *II Pedro e Judas*, p. 63.
51 KISTEMAKER, Simon. *Epístolas de Pedro e Judas*, p. 335.
52 WIERSBE, Warren W. *Comentário bíblico expositivo*. Vol. 6, p. 565.
53 WIERSBE, Warren W. *Comentário bíblico expositivo*. Vol. 6, p. 565.
54 GREEN, Michael. *II Pedro e Judas*, p. 65.
55 WIERSBE, Warren W. *Comentário bíblico expositivo*. Vol. 6, p. 566.
56 GREEN, Michael. *II Pedro e Judas*, p. 66.
57 GREEN, Michael. *II Pedro e Judas*, p. 66.
58 WIERSBE, Warren W. *Comentário bíblico expositivo*. Vol. 6, p. 566.
59 GREEN, Michael. *II Pedro e Judas*, p. 67.
60 GREEN, Michael. *II Pedro e Judas*, p. 67,68.
61 GREEN, Michael. *II Pedro e Judas*, p. 69.
62 KISTEMAKER, Simon. *Epístolas de Pedro e Judas*, p. 340.
63 WIERSBE, Warren W. *Comentário bíblico expositivo*. Vol. 6, p. 568.
64 GREEN, Michael. *II Pedro e Judas*, p. 70.

Capítulo 3

A transitoriedade da vida e a perenidade da Palavra
(2Pe 1.12-21)

A MENSAGEM É MAIOR que o mensageiro. O mensageiro passa, a mensagem permanece. Pedro está nos portais da morte. O tempo de sua partida é chegado. Já está de malas prontas para mudar de endereço e sair de seu frágil tabernáculo rumo a seu lar permanente. Está indo para a "Casa do Pai". Porém, a Palavra de Deus precisa continuar sendo relembrada pelos crentes.

Vamos destacar na exposição do texto supracitado, algumas preciosas lições.

A necessidade da repetição

A repetição é uma das mais importantes leis pedagógicas e um dos mais eficazes recursos de aprendizado. O apóstolo Pedro foi incisivo em dizer: *Por esta razão, sempre estarei pronto para trazer-vos lembrados acerca destas coisas, embora estejais certos da verdade já presente convosco e nela confirmados* (1.12). Pedro não tem a pretensão de sempre pregar coisas novas. Ele repete aquilo que já ensinou. Reaviva a memória de seus leitores acerca de verdades que eles já conheciam e nas quais já estavam firmados. Mesmo que os cristãos tenham um conhecimento básico da verdade e já sejam plenamente doutrinados nas verdades do evangelho, Pedro acha necessário fazê-los lembrar. Por isso, o Espírito Santo foi dado à Igreja, dentre outros motivos, para lembrar os cristãos das lições já aprendidas (Jo 14.26).[65]

Pedro chega a dizer que o despertamento da lembrança de verdades conhecidas é uma atitude justa e necessária: *Também considero justo, enquanto estou neste tabernáculo, despertar-vos com essas lembranças* (1.13). Pedro sabe que, apesar de sua vida na terra chegar ao fim, sua epístola continuará sendo uma lembrança constante. Em suas epístolas, Paulo (Rm 15.15; Fp 3.1) e João também lembram aos leitores as verdades que ensinaram (1Jo 2.21). Eles deixaram documentos escritos que são a Palavra inspirada de Deus.[66] Pedro sabia que a nossa mente tende a se acostumar com a verdade e a deixar de dar-lhe o devido valor. Esquecemo-nos do que devemos lembrar e lembramo-nos do que devemos esquecer.[67]

Michael Green diz que Pedro dificilmente pode enfatizar em demasia a importância das lembranças. Aqui, acabara de lembrar seus leitores da chamada de Deus, da necessidade para o crescimento na graça, e do lar celestial que os aguarda. Em 1Pedro 2.11, lembra-os acerca da sua milícia cristã, tema que volta a mencionar em 2Pedro 3.1-18.[68] Calvino destaca que, através do exemplo de Pedro, aprendemos que, quanto menos tempo de vida nos resta, mais diligentes devemos ser ao executar nosso ofício.[69] Devemos pregar com senso de urgência, como se estivéssemos morrendo, a ouvintes que estão nos portais da morte!

Pedro usa a mesma metáfora que Paulo usou (2Co 5.1,4), "tabernáculo", para falar do seu corpo. Kistemaker diz que a ilustração é reveladora, pois uma casa oferece uma sensação de permanência, enquanto um tabernáculo é uma habitação temporária. Pedro não dá nenhuma indicação de que despreza o corpo e glorifica a alma. Ao contrário, sua figura de linguagem transmite uma ideia de temporalidade. Por causa da brevidade de tempo que ainda resta, Pedro quer que seus leitores estejam conscientes da autoridade e importância de seus ensinamentos. Assim, embora seja fisicamente capaz, dedica seu tempo a reavivar a memória dos crentes.[70]

A consciência da chegada da morte

Quanto mais Pedro tem consciência da aproximação de sua morte, mais pressa sente em refrescar a memória dos crentes acerca das verdades da fé cristã. Assim como Paulo, Pedro tinha convicção de que a hora de sua morte estava chegando. Ele escreve: *Certo de que estou prestes a deixar o meu tabernáculo, como efetivamente nosso Senhor Jesus Cristo revelou* (1.14). Jesus havia profetizado a morte de Pedro quando o restaurou no mar da Galileia (Jo 21.18,19). Pedro tinha consciência de que essa hora havia chegado. "Deixar o tabernáculo" é uma linguagem figurada para dizer que ele estava deixando o corpo para habitar com o Senhor (2Co 5.8).

Holmer pergunta: Como Pedro "sabe" que sua morte se aproxima e pode chegar repentinamente? Sua própria situação torna isso evidente. Afinal, ele se situa em Roma ou alguma região do império onde a perseguição está em ação. Lá se intensifica o perigo. E o Senhor, lhe havia explicado pessoalmente com que tipo de morte ele haveria de exaltar a Deus. Será um fim realmente violento o desmonte da tenda em que ele ainda se encontra.[71] Morrer para o cristão é levantar acampamento, afrouxar as estacas da tenda temporária e ir para seu lar permanente.

Certa feita, um pastor foi visitar um membro da igreja que estava enfermo. O pastor perguntou-lhe: "Irmão, você está preparado para morrer?". O cristão respondeu: "Não, estou preparado para viver. A casa onde eu moro está desmoronando, mas já estou de malas prontas para me mudar para a Casa do meu Pai". Concordo com Kistemaker quando ele diz que Pedro não é guiado por uma premonição, mas por uma revelação clara dada a ele por Jesus Cristo.[72]

O pregador morre, mas a Palavra continua viva

Em face da contingência da vida, da inevitabilidade da morte e de sua chegada iminente, Pedro se desdobra, com diligência para que em todo o tempo seus leitores continuem lembrando-se das verdades por ele pregadas, mesmo depois de sua morte. O pregador morre, mas a Palavra de Deus permanece para sempre. O pregador cessa a sua voz, mas a voz da Palavra de Deus continua ecoando nos corações. A vida do pregador é transitória, mas a Palavra de Deus que ele anuncia é perene. Leiamos o relato de Pedro: *Mas, de minha parte, esforçar-me-ei, diligentemente, por fazer que, a todo tempo, mesmo depois da minha partida, conserveis lembrança de tudo* (1.15). Pedro usa a palavra grega *exodus*, "partida", para referir-se à sua morte. O termo êxodo é também usado em referência à partida dos filhos de Israel do Egito para a terra prometida. Isso indica que Pedro vê a morte não como o fim da linha, mas como a entrada na terra prometida por Deus.[73] Essa palavra traz a ideia de que para o cristão a morte é uma libertação e também representa a entrada no reino eterno. Significa partir deste mundo de sofrimento e dor para entrar no lar celestial. Significa deixar uma tenda rota para habitar numa mansão feita não por mãos humanas, mas eterna, nos céus (2Co 5.1). Aqui, certamente há um contraste entre a tenda temporária e a moradia eterna.

Vale destacar que Lucas usou a mesma palavra *exodus* para descrever a morte de Cristo em Jerusalém (Lc 9.31). Warren Wiersbe diz, com acerto, que Jesus não considerou sua morte na cruz uma derrota, mas um êxodo: livraria seu povo da escravidão da mesma forma que Moisés livrara o povo de Israel do Egito.[74]

Grandes estudiosos entendem que Pedro faz aqui uma referência ao Evangelho de Marcos, uma vez que Pedro foi a principal fonte de informação para o evangelista. Autores cristãos dos séculos 2 e 3 testificam que Marcos redigiu seu Evangelho com a ajuda de Pedro. Por volta de 125 d.C., Papias, que era bispo de Hierápolis, na Ásia Menor, e antigo discípulo do apóstolo João, escreveu:

> Marcos tornou-se intérprete de Pedro e escreveu precisamente tudo aquilo de que ele se lembrava – mesmo que não sequencialmente – sobre coisas ditas e feitas pelo Senhor. Por não ter ouvido o Senhor nem tampouco o seguido, porém, mais tarde, como disse, seguiu a Pedro, que costumava ensinar sempre o que era necessário.[75]

Aproximadamente sessenta anos depois, Irineu, bispo das igrejas em Lião, também testificou sobre esse fato. Ao escrever sobre a morte de Pedro e Paulo, declara: "Porém, depois de sua morte, o próprio Marcos, também discípulo e intérprete de Pedro, deu-nos em seus escritos as coisas que eram pregadas por Pedro".[76]

A Palavra atestada por testemunhas oculares

Pedro deixa claro que seu ensino não é fruto de sua lucubração nem mesmo de fantasias inventadas, mas resultado de uma experiência pessoal com o próprio Senhor da glória. Pedro destaca três verdades importantes.

Em primeiro lugar, *a vinda de Cristo* (1.16). *Porque não vos demos a conhecer o poder e a vinda de nosso Senhor Jesus Cristo seguindo fábulas engenhosamente inventadas, mas nós mesmos fomos testemunhas oculares da sua majestade.*

A experiência da transfiguração de Jesus é relatada por Mateus, Marcos e Lucas. Mas nenhum deles estava presente no monte com Jesus. Pedro estava e foi testemunha ocular do ocorrido. No monte da transfiguração, a figura central era o Senhor Jesus. Moisés, o representante da lei, e Elias, o representante dos profetas, conversaram com Cristo sobre sua partida para Jerusalém. Os apóstolos Pedro, Tiago e João viram a sua glória. O Pai testemunhou desde o céu sobre a singularidade do Filho. Portanto, o evangelho é centrado na pessoa e obra de Cristo. O evangelho fala sobre a vinda de Jesus. O próprio Cristo é o conteúdo da mensagem. Essa mensagem não é uma especulação. Não foi criada no laboratório do engano. É fruto de uma experiência pessoal. Pedro e os demais apóstolos foram testemunhas oculares das verdades que partilharam.

Pedro usa a palavra grega *muthois,* traduzida aqui por "fábulas". Michael Green diz que esse termo pode significar também alegorias ou profecias fictícias.[77] Pedro chama os mitos ensinados pelos falsos mestres de *heresias destruidoras*

(2.1) e *palavras fictícias* (2.3). Esses falsos mestres escarneciam da promessa da segunda vinda de Cristo (3.3.4). De acordo com Warren Wiersbe, agora podemos entender por que Pedro usa esse acontecimento em sua carta: para refutar os falsos ensinamentos de apóstatas, segundo os quais o reino de Deus nunca viria (3.3-9). Esses falsos mestres negavam a promessa da vinda de Cristo. No lugar das promessas de Deus, esses impostores anunciavam "fábulas engenhosamente inventadas", que privavam os cristãos de sua bendita esperança.[78]

Kistemaker chama a atenção para a mudança do singular *eu* para o plural *nós*. Pedro não é apenas o pastor que fala pessoalmente aos membros da igreja; ele também pertence ao grupo de apóstolos. Juntamente com os outros apóstolos, Pedro fala com autoridade sobre a veracidade do evangelho. Enquanto falsos profetas procuram distorcer o evangelho ou ensinar suas próprias fábulas e lendas, Pedro expressa sua posição apostólica.[79]

Um mito não está calçado com a verdade nem tem poder redentor. As Escrituras, porém, são originadas em Deus e divinamente inspiradas. A mensagem do evangelho redime o ser humano do pecado e glorifica a Deus.[80]

Pedro, Tiago e João tiveram uma visão antecipada da glória de Cristo, a glória que ele demonstrará em sua segunda vinda. Assim, Pedro usa a palavra *vinda* para referir-se à segunda vinda de Cristo. Aliás, no Novo Testamento, o termo *vinda* nunca é usado para descrever a primeira vinda de Jesus, mas sempre em referência à sua volta.[81] Desta forma, a transfiguração de Jesus, observada pelos apóstolos, prefigura este glorioso acontecimento, quando Jesus manifestará o seu poder ao derrotar seus inimigos. Nas palavras de Holmer: "Na transfiguração sobre o monte, Pedro identificou a irrupção do futuro no presente".[82]

Em segundo lugar, *a glória de Cristo* (1.17). *Pois ele recebeu, da parte de Deus Pai, honra e glória, quando pela Glória Excelsa lhe foi enviada a seguinte voz: Este é o meu Filho amado, em quem me comprazo.* E isso a despeito de, na sua vinda, Cristo ter-se despojado da glória que tinha com o Pai desde a eternidade, ter-se esvaziado e assumido a forma de homem, ter-se humilhado a ponto de tornar-se servo e ter descido o último degrau da humilhação, a ponto de sofrer morte e morte de cruz. Mesmo assim, Deus Pai revelou lampejos de sua glória no monte da transfiguração e o exaltou sobremaneira em sua ressurreição, dando-lhe o nome que está acima de todo nome, a fim de que diante de Jesus se dobre todo joelho no céu, na terra e debaixo da terra. No monte da transfiguração aconteceu uma antecipação da glória. Jesus foi transfigurado. Suas vestes tornaram-se brancas como a luz, e seu rosto brilhou como o sol no seu fulgor. Do meio da nuvem luminosa, o Pai declarou: *Este é o meu Filho amado, em quem me comprazo, a ele ouvi* (Mt 17.5). Kistemaker tem razão em dizer que, por causa de sua obra redentora, Jesus é o recipiente do prazer de Deus tanto em seu batismo quanto em sua transfiguração.[83]

Michael Green esclarece que, do *poder* e da *vinda* de Jesus na transfiguração, Pedro se volta para a *honra* e *glória* reveladas ali: honra, na voz que lhe falou; glória, na luz que dele resplandeceu.[84] A glória é uma qualidade que pertence a Deus e é compartilhada por Cristo. A honra é o reconhecimento de alguém que chegou a determinada posição por meio de seu trabalho e realizações. A glória é externa e visível, mas a honra é abstrata e permanece desconhecida até que seja revelada. Jesus foi transfigurado em glória celeste e reconhecido honrosamente por Deus Pai.[85]

Em terceiro lugar, *as testemunhas de Cristo* (1.18). *Ora, esta voz, vinda do céu, nós a ouvimos quando estávamos com ele no monte santo.* Pedro, Tiago e João subiram o monte da transfiguração com Jesus. O Filho de Deus subiu o monte com o propósito de orar. Enquanto orava, seu rosto se transfigurou e suas vestes resplandeceram. Apareceram em glória Moisés e Elias, falando com Jesus acerca de sua partida para Jerusalém. Os apóstolos ficaram aterrados de medo, quando, de dentro de uma nuvem luminosa, ouviram do céu uma voz: *Este é o meu Filho amado, em quem me comprazo, a ele ouvi* (Mt 17.5). Os três apóstolos foram testemunhas oculares dessa cena gloriosa. Apesar de os evangelhos relatarem que a voz veio de uma nuvem brilhante que os envolveu, para Pedro essa era a voz de Deus, o Pai no céu.

Concluo este tópico evocando as palavras de Warren Wiersbe ao lembrar seus leitores a respeito da transfiguração. Conforme esse autor, Pedro afirma várias doutrinas importantes da fé cristã: 1) Jesus Cristo é de fato o Filho de Deus; 2) O propósito da vinda de Cristo ao mundo foi morrer na cruz pelos nossos pecados. Sua morte não foi simplesmente um exemplo, como afirmam alguns teólogos liberais; foi um êxodo, uma realização redentiva; 3) A veracidade das Escrituras é reafirmada. Moisés representava a lei; Elias, os profetas; e ambos apontavam para Jesus Cristo (Hb 1.1-3). Ele cumpriu a lei e os profetas (Lc 24.27); 4) A realidade do reino de Deus. Na transfiguração, Jesus deixou claro que o sofrimento conduzirá à glória e que, em última análise, a cruz desembocará na coroa.[86]

A Palavra profética é inspirada

Pedro é categórico em afirmar que não está ensinando ao povo de Deus nenhuma novidade. Está repetindo as mesmas verdades já conhecidas. Está relembrando as palavras proféticas anunciadas desde a antiguidade. Essa é a terceira parte do tópico *revelação divina*. No primeiro segmento, Pedro se esforça para reavivar a memória de seus leitores (1.12-15). No segundo, na condição de testemunha ocular, ele relata a transfiguração de Jesus (1.16-18) e no terceiro, revela a certeza, a origem e a fonte das Escrituras (1.19-21). Para Pedro, as Escrituras são a revelação de Deus ao homem, e não uma descrição de Deus feita pelo homem.[87] A Palavra de Deus é, de fato, inerrante, infalível e confiável.

Destacamos três verdades importantes acerca da palavra profética:

Primeiro, *a palavra profética é infalível* (1.19). *Temos, assim, tanto mais confirmada a palavra profética, e fazeis bem em atendê-la, como a uma candeia que brilha em lugar tenebroso, até que o dia clareie e a estrela da alva nasça em vosso coração.* No segmento anterior, o enfoque de Pedro foi sobre a palavra falada de Deus, o Pai. Neste versículo, ele se concentra na palavra escrita da profecia, a saber, as Escrituras do Antigo Testamento.[88] Pedro, passando do testemunho ocular, volta-se agora para o Antigo Testamento, a fim de encontrar apoio para seus ensinos. Este versículo pode ser entendido, segundo Michael Green, de duas maneiras: A palavra crucial é *bebaioteron*, "mais confirmada". Sendo assim, duas interpretações são possíveis: as Escrituras confirmam o testemunho apostólico ou o testemunho apostólico cumpre, e, portanto, autentica a Escritura. A maioria dos comentaristas segue a segunda alternativa e entende que a voz ouvida na transfiguração torna ainda mais certas as profecias do Antigo Testamento acerca da vinda do Senhor Jesus. Logo, a transfiguração dá testemunho da validade permanente do Antigo Testamento.[89]

R. C. Sproul diz que os apóstolos não precisavam confirmar a palavra profética do Antigo Testamento a partir daquilo que eles aprenderam na era do Novo Testamento. Pedro, como todos os judeus de seus dias, estava convencido da plena autoridade das Escrituras do Antigo Testamento. Na verdade, não podemos compreender o Novo Testamento à parte do Antigo Testamento.[90] É como disse Agostinho de Hipona: o Novo Testamento está latente no Antigo, e o Antigo Testamento está patente no Novo.

Concordo com Michael Green quando diz que é uma distorção da verdade afirmar que a transfiguração é uma demonstração de que o Antigo Testamento foi substituído pelo Evangelho, pois o cumprimento do Antigo Testamento não significa sua abolição, mas, sim, sua vindicação como testemunha perpétua à supremacia de Cristo.[91] Calvino corrobora com esse pensamento, ressaltando que a questão não é se os profetas são mais fidedignos que os evangelhos, mas, visto que os judeus não tinham dúvida de que todos os ensinos dos profetas procediam de Deus, não é de se estranhar que Pedro afirme ser sua palavra mais segura.[92]

A Palavra profética é a Palavra de Deus. Não existe diferença entre a palavra escrita e a palavra profética. Por ser a palavra de Deus confirmada, precisa ser atendida. Todos os profetas do Antigo Testamento, desde Moisés até Malaquias, falam em uma única voz.

Pedro compara a Palavra de Deus a um farol que brilha na escuridão. A Palavra aponta o caminho e mostra os perigos. A Palavra de Deus tem uma dupla finalidade:

revelar-nos a vontade de Deus e levar-nos a uma experiência pessoal com Cristo, a estrela da alva. A expressão "estrela da alva" (ou "estrela da manhã") é a tradução do termo grego *phosphoros*. Jesus é essa estrela da alva (Nm 24.17; Ap 22.16). Pedro está falando sobre o dia em que Jesus se manifestará gloriosamente. Até esse dia, todo crente deve ter conhecimento subjetivo de Cristo e de sua volta. Esse conhecimento é guardado pelo crente em seu coração enquanto ele espera pela aparição real e objetiva de Jesus Cristo.[93]

Holmer diz que o dia de Deus irrompe com a *parousia* de Jesus. Então a igreja experimentará algo inconcebivelmente grandioso. Todo o esplendor e toda a beleza do mundo atual, que de fato existem, parecerão como mera parcela da "noite", porque, afinal, tudo está deformado e obscurecido pelo pecado, sofrimento e morte. É somente sobre o novo mundo de Deus que repousa o brilho do dia radiante.[94]

Segundo, *a palavra profética não é uma criação humana* (1.20). *Sabendo, primeiramente, isto: que nenhuma profecia da Escritura provém de particular elucidação*. A Palavra de Deus tem sua origem no céu, e não na terra; procede de Deus, e não do homem. John Wesley disse que a Bíblia só poderia ter três origens: anjos e homens bons; demônios e homens maus; ou Deus. Não poderia ser escrita por anjos e homens bons, pois repetidamente se registra: *Assim diz o Senhor*. Não poderia ter sido escrita por demônios e homens maus, porque seu conteúdo exalta a santidade e reprova o pecado. Só nos resta uma opção: a Bíblia foi ideia de Deus.

Não só a origem das Escrituras está ancorada em Deus, mas também sua correta interpretação. As Escrituras não são dadas pelo homem (1.21) nem são por ele interpretadas corretamente (1.20). O Espírito realiza as duas tarefas.[95] Pedro introduz o assunto, pois logo em seguida falará sobre os falsos mestres que torcem as Escrituras. Os falsos mestres leem a Bíblia, mas não a interpretam de forma correta. Não têm uma compreensão adequada de sua doutrina nem de sua aplicação. Concordo com William Barclay, quando diz: "Ninguém pode ir à Escritura e interpretá-la conforme seus pontos de vista e opiniões pessoais; ninguém pode interpretar a Escritura e a profecia privadamente ou como lhe convém". [96]

Terceiro, *a palavra profética tem sua origem em Deus* (1.21). *Porque nunca jamais qualquer profecia foi dada por vontade humana; entretanto, homens [santos] falaram da parte de Deus, movidos pelo Espírito Santo*. Este texto escrito por Pedro está alinhado com o que disse o apóstolo Paulo: *Toda Escritura é inspirada por Deus e útil para o ensino, para a repreensão, para a correção, para a educação na justiça, a fim de que o homem de Deus seja perfeito e perfeitamente habilitado para toda boa obra* (2Tm 3.16,17). A Palavra de Deus é inspirada por Deus. É o sopro de Deus, e não o destilar dos pensamentos humanos. Os homens foram instrumentos usados para escrever as profecias, e não sua origem. Foi o Espírito Santo que os inspirou, revelando-lhes o conteúdo infalível.

Concordo com Michael Green quando diz que o mesmo Deus a quem os apóstolos ouviram falar na transfiguração falou também através dos profetas. Portanto, o argumento nos versículos 20 e 21 é uma condição consistente e realmente necessária do parágrafo anterior, isto é, podemos confiar nas Escrituras porque por trás dos seus autores está Deus. Os profetas não inventaram o que escreveram. Não o deslindaram arbitrariamente. Não tagarelaram suas invenções, feitas por conta própria ou de acordo com seu próprio julgamento.⁹⁷ No Antigo Testamento, o sinal de um falso profeta era que este falava de si mesmo, de forma privada, ou seja, não falava aquilo que procedia de Deus. Jeremias condena os falsos profetas: *Falam as visões do seu coração, não o que vem da boca do Senhor* (Jr 23.16). Ezequiel também alerta: *Ai dos profetas loucos, que seguem o seu próprio espírito sem nada ter visto!* (Ez 13.3).

Está claro, no texto supracitado, que a revelação divina não anulou a cooperação ativa dos homens santos que escreveram as Escrituras. Michael Green está coberto de razão em argumentar que a inspiração divina não implica uma substituição dos funcionamentos mentais normais do autor humano. O Espírito Santo não usa instrumentos; usa pessoas. O modo de Deus sempre é o da verdade através da personalidade.⁹⁸ Nessa mesma linha de pensamento, R. C. Sproul diz que Deus não escreveu os livros da Bíblia com o próprio dedo. Todos os livros da Bíblia foram escritos por homens que foram movidos e protegidos pela autoridade do Espírito Santo. O Senhor falou por intermédio de Jeremias, Isaías, Daniel, Ezequiel, Oseias, Joel, Habacuque, Naum, Moisés, Paulo, Pedro, Marcos, Mateus e Lucas, sem anular a humanidade de nenhum deles.⁹⁹

Concluímos com as palavras de Warren Wiersbe ao afirmar que os homens morrem, mas a Palavra vive. As experiências passam, mas a Palavra permanece. O mundo escurece, mas a luz profética resplandece cada vez mais. Portanto, o cristão que edifica sua vida na Palavra de Deus e que espera a vinda do Salvador dificilmente será enganado por falsos mestres.¹⁰⁰

Notas do capítulo 3

65 KISTEMAKER, Simon. *Epístolas de Pedro e Judas*, p. 347.
66 KISTEMAKER, Simon. *Epístolas de Pedro e Judas*, p. 348.
67 WIERSBE, Warren W. *Comentário bíblico expositivo.* Vol. 6, p. 569,570.
68 GREEN, Michael. *II Pedro e Judas*, p. 75.
69 CALVIN, John. *The Second Epistle of Peter,* p. 379.
70 KISTEMAKER, Simon. *Epístolas de Pedro e Judas*, p. 349.
71 HOLMER, Uwe. *Cartas de Tiago, Pedro, João e Judas.*, p. 266.
72 KISTEMAKER, Simon. *Epístolas de Pedro e Judas*, p. 350.
73 BARCLAY, William. *Santiago, I y II Pedro*, p. 348.
74 WIERSBE, Warren W. *Comentário bíblico expositivo.* Vol. 6, p. 570.
75 EUSÉBIO DE CESAREIA. *História eclesiástica* III:39,15.
76 IRINEU DE LIÃO. *Contra as heresias,* III:1,1.
77 GREEN, Michael. *II Pedro e Judas*, p. 77.
78 WIERSBE, Warren W. *Comentário bíblico expositivo.* Vol. 6, p. 571.
79 KISTEMAKER, Simon. *Epístolas de Pedro e Judas*, p. 354.
80 KISTEMAKER, Simon. *Epístolas de Pedro e Judas*, p. 354.
81 KISTEMAKER, Simon. *Epístolas de Pedro e Judas*, p. 355.
82 HOLMER, Uwe. *Cartas de Tiago, Pedro, João e Judas*, p. 267.
83 KISTEMAKER, Simon. *Epístolas de Pedro e Judas*, p. 357.
84 GREEN, Michael. *II Pedro e Judas*, p. 80.
85 KISTEMAKER, Simon. *Epístolas de Pedro e Judas*, p. 356.
86 WIERSBE, Warren W. *Comentário bíblico expositivo.* Vol. 6, p. 572.
87 KISTEMAKER, Simon. *Epístolas de Pedro e Judas*, p. 360.
88 KISTEMAKER, Simon. *Epístolas de Pedro e Judas*, p. 360.
89 GREEN, Michael. *II Pedro e Judas*, p. 83.
90 SPROUL, R. C. *1-2 Peter,* p. 233,234.
91 GREEN, Michael. *II Pedro e Judas*, p. 83.
92 GREEN, Michael. *II Pedro e Judas*, p. 83,84.
93 KISTEMAKER, Simon. *Epístolas de Pedro e Judas*, p. 363.
94 HOLMER, Uwe. *Cartas de Tiago, Pedro, João e Judas*, p. 268,269.
95 GREEN, Michael. *II Pedro e Judas*, p. 86.
96 BARCLAY, William. *Santiago, I y II Pedro*, p. 353.
97 GREEN, Michael. *II Pedro e Judas*, p. 86.
98 GREEN, Michael. *II Pedro e Judas*, p. 87,88.
99 SPROUL, R. C. *1-2 Peter,* p. 239,240.
100 WIERSBE, Warren W. *Comentário bíblico expositivo.* Vol. 6, p. 575.

Capítulo 4

Os falsos mestres atacam a Igreja
(2Pe 2.1-22)

O APÓSTOLO PEDRO faz uma transição da veracidade das Escrituras para a falsidade dos mestres enganosos. Os falsos profetas alegavam dolosamente ser profetas ou profetizavam coisas falsas.[101] Já os falsos mestres ensinavam as doutrinas falsas dos falsos profetas. Jesus, no Sermão do Monte, alertou para o surgimento desses falsos mestres: *Vede que ninguém vos engane. Porque surgirão muitos em meu nome, dizendo: Eu sou o Cristo, e enganarão a muitos* (Mt 24.4,5).

Ouvimos com muita frequência que a doutrina não é importante, que o cristianismo é relacionamento, e não um credo. Hoje há uma gritante indiferença em relação à doutrina, para não dizer hostilidade. Isso é extremamente perigoso e lamentável. R. C. Sproul destaca, com razão, que a maior ameaça ao povo de Deus no Antigo Testamento não foram os exércitos filisteus, assírios ou amalequitas, mas os falsos profetas dentro de seus portões.[102]

Vamos destacar alguns pontos importantes na análise do capítulo 2 de 2Pedro.

A teologia e a ética dos falsos mestres

Assim como no Antigo Testamento há falsos profetas, no Novo Testamento há falsos mestres. O diabo sempre cria um simulacro do verdadeiro. O diabo cria falsos mestres, falsos crentes, falso evangelho, falsa justiça e um dia apresentará ao mundo um falso cristo. Os falsos mestres podem ser descritos como:

Primeiro, *os falsos mestres são promotores de falsas doutrinas* (2.1). *Assim como, no meio do povo, surgiram falsos profetas, assim também haverá entre vós falsos mestres, os quais introduzirão, dissimuladamente, heresias destruidoras, até ao ponto de renegarem o Soberano Senhor que os resgatou, trazendo sobre si mesmos repentina destruição.* Os falsos mestres surgem no meio do povo de Deus. Eles pousam como ministros do evangelho. É por isso que são tão perigosos.[103]

Pedro denuncia tanto a falsa doutrina como o método enganador. Pedro chama as falsas doutrinas pregadas pelos falsos mestres de heresias destruidoras, heresias que causam grandes desastres. Essas heresias, ou falsas doutrinas, não eram pregadas de forma escancarada, mas dissimuladamente. Michael Green diz que o ensino dos falsos profetas era recheado de bajulação; suas ambições eram financeiras; suas práticas eram dissolutas; sua consciência era amortecida; e seu alvo era o engano (Is 28.7; Jr 23.14; Ez 13.3; Zc 13.4).[104]

As heresias dos falsos mestres desembocavam numa negação peremptória do próprio Senhor Jesus. Por isso, esses falsos mestres não escapariam da destruição. Warren Wiersbe tem razão em dizer que os falsos mestres são mais conhecidos por aquilo que negam do que por aquilo que afirmam. Negam a inspiração da Bíblia, o caráter pecaminoso do ser humano, a morte vicária de Jesus Cristo na cruz, a salvação somente pela fé e até mesmo a realidade do julgamento eterno.[105]

Uma questão importante deve ser aqui levantada. Uma pessoa redimida por Cristo pode desviar-se e perder a salvação? Esses falsos mestres foram salvos? Eles perderam a salvação, uma vez que trouxeram sobre si mesmos repentina destruição? Nossa resposta é que o fato de alguém confessar verbalmente o nome de Cristo não garante que esteja salvo. Muitos professam o nome de Cristo apenas de lábios. Jesus alertou que muitos dirão no dia do juízo: *Senhor, Senhor! Porventura, não temos nós profetizado em teu nome, e em teu nome não expelimos demônios, e em teu nome não fizemos muitos milagres? Então, lhes direi explicitamente: nunca vos conheci. Apartai-vos de mim, os que praticais a iniquidade* (Mt 7.22,23). Por outro lado, as Escrituras são categóricas em ensinar que aqueles que foram eleitos pelo Pai, remidos pelo Filho e selados pelo Espírito Santo jamais perecerão (Rm 8.29-39; Ef 1.3-14). As ovelhas de Cristo jamais perecerão eternamente (Jo 10.28). De acordo com William MacDonald, a obra de Cristo foi suficiente para a redenção de toda a humanidade, mas é eficiente somente para aqueles que se arrependem, creem e o aceitam como Senhor.[106]

Segundo, *os falsos mestres são promotores de uma falsa conduta* (2.2). *E muitos seguirão as suas práticas libertinas, e, por causa deles, será infamado o caminho da verdade.* A teologia é mãe da ética. A conduta é filha da doutrina. Aquilo em que uma pessoa crê determina o que ela faz. Porque os falsos mestres pregavam uma falsa doutrina, viviam uma falsa vida. Essas práticas libertinas eram ensinadas e seguidas. E, por causa de seu falso discipulado, o evangelho era maculado e o caminho da verdade era infamado.

É conhecida a expressão: "O diabo nunca é tão satânico como quando carrega uma Bíblia". A expressão "práticas libertinas" é a tradução do termo grego *aselgeia*. Refere-se a uma imoralidade sem pudor. Aplica-se a alguém que perdeu completamente a compostura e nem sequer tenta esconder suas práticas libertinas ou manter as aparências. Esses falsos mestres tinham um comportamento sexual excessivamente desregrado. William Barclay diz que a palavra *aselgeia* descreve a atitude da pessoa que perdeu a vergonha e não dá importância alguma à sua própria reputação. Não se preocupa com o juízo de Deus nem com o juízo dos homens.[107] Estou de pleno acordo com que escreveu Edwin Blum: "A verdadeira doutrina deve resultar em verdadeiro viver".[108]

Terceiro, *os falsos mestres são movidos pelo amor ao dinheiro* (2.3a). *Também, movidos por avareza, farão comércio de vós, com palavras fictícias...* Tanto a falsa teologia como a falsa moralidade dos mestres enganosos eram governadas pela avareza. A palavra "avareza" é a tradução do vocábulo grego *pleonexia*. Significa o desejo de possuir mais. Equivale à ânsia de possuir aquilo que o homem não tem o direito de desejar, muito menos de tomar para si.[109] Os falsos mestres estavam interessados nos bens das pessoas, e não na salvação delas. Eram exploradores, e não pastores do rebanho. Agiam como mercenários, e não como obreiros fiéis. O amor ao dinheiro era o vetor que motivava esses obreiros da iniquidade. Usavam o ministério para fazer dinheiro, e não para fazer a obra de Deus. Jesus há havia alertado: *Acautelai-vos dos falsos profetas que se vos apresentam disfarçados em ovelhas, mas por dentro são lobos roubadores* (Mt 7.15). Essa mesma realidade é vista ainda hoje. Há muitos pregadores inescrupulosos e fraudulentos pregando falsas doutrinas com fins gananciosos. Homens cheios de cobiça, que distorcem a verdade, apenas para enganar as pessoas e arrancar delas benefícios financeiros. O templo se transforma, algumas vezes, em esconderijo de ladrões.

Os falsos mestres usavam "palavras fictícias". O termo grego é *plastos,* de onde vem a palavra *plástico.* Palavras de plástico! Palavras que podem significar qualquer coisa. Satanás e seus ministros usam a Bíblia não para esclarecer, mas para enganar.[110] Temos visto florescer no Brasil e no mundo muitas igrejas que são verdadeiras franquias, cujo propósito final não é a proclamação do evangelho, mas a arrecadação de dinheiro. Essas igrejas precisam dar lucro, ou suas portas são fechadas. Pregadores movidos pelo amor ao dinheiro, que é a raiz de todos os males, especializam-se na "arte" de tirar o último centavo do bolso dos fiéis. Chantageiam o povo com ameaças fictícias ou seduzem-no com promessas mirabolantes. Torcem a Palavra, sem nenhum pudor, para auferir lucros cada vez mais gordos. Transformam o púlpito num balcão, o templo num covil de roubadores, e os fiéis num bando de explorados. Alguns desses pregadores tornam-se empresários riquíssimos, enquanto o povo, seduzido por suas palavras de plástico, os abastece nesse luxo pecaminoso. Triste realidade!

Quarto, *colherão os frutos amargos de sua semeadura insensata* (2.3b). ... *para eles o juízo lavrado há longo tempo não tarda, e a sua destruição não dorme.* Os falsos mestres podem até prosperar por algum tempo, mas não por todo o tempo. Podem enganar a muitos por longo tempo, mas o juízo um dia os alcançará. Sua destruição já está lavrada pelo próprio Deus, e esse dia em breve chegará. A sentença foi pronunciada contra os falsos profetas faz muito tempo; o Antigo Testamento dá a conhecer a sua condenação (Dt 13.1-5). Deus tem zelo por sua Palavra e por seu povo. Aqueles que se lançam na maldita obra de torcer a verdade e usam a mentira para viver uma vida subterrânea e desregrada ao mesmo tempo que exploram os fiéis, esses não ficarão impunes.

A condenação dos falsos mestres

Pedro, além de anunciar a destruição certa dos falsos mestres também a exemplificou. Que argumentos Pedro usou para falar sobre a repentina destruição dos falsos profetas?

Em primeiro lugar, *Deus julgou os anjos* (2.4). *Ora, se Deus não poupou anjos quando pecaram, antes, precipitando-os no inferno, os entregou a abismos de trevas, reservando-os para juízo.* Houve uma rebelião no céu e uma queda no mundo angelical (Is 14.12-15; Ez 28.11-19). O anjo de luz transformou-se em Satanás, que arrastou consigo um terço dos anjos (Ap 12.4). Estes se tornaram demônios, os quais foram precipitados no inferno, um lugar de trevas, onde aguardam o juízo de Deus. A palavra "inferno" aqui é a tradução do vocábulo grego *tártaro*. Esta palavra só aparece neste ponto em todo o Novo Testamento. Michael Green diz que, na mitologia grega, era o lugar de castigo para os espíritos dos falecidos muito ímpios, especialmente os deuses rebeldes como Tântalo. Assim como Paulo podia citar um versículo apropriado do poeta pagão Arato (At 17.28), também Pedro podia fazer uso da linguagem figurada homérica.[111]

Kistemaker diz que os anjos perversos continuam no inferno aguardando o julgamento de Deus. Isso não significa que serão libertados no dia do julgamento. Certamente não serão! As evidências estão sendo coletadas, de modo que Deus possa proferir o veredito naquele dia temível, no qual eles *serão atormentados de dia e de noite pelos séculos dos séculos* (Ap 20.10). O argumento de Pedro vai do maior para o menor. Se Deus não poupou os anjos que estavam em sua glória no céu e os lançou ao inferno, não punirá os mestres que insistem em fazer o povo desviar? Essa pergunta já traz sua própria resposta.[112]

Alguns estudiosos afirmam, equivocadamente, que esses anjos que pecaram são uma referência aos filhos de Deus que se casaram com as filhas dos homens, conforme registrado em Gênesis 6. A interpretação plausível do texto é que os filhos de Deus são uma referência à descendência de Sete, e as filhas dos homens, uma referência à descendência de Caim. Os anjos não procriam. Não são uma raça. Não se multiplicam. Jesus deixou isso claro quando disse que no céu seremos como os anjos, que não se casam nem se dão em casamento (Mt 22.30).

Em segundo lugar, *Deus julgou o mundo pré-diluviano* (2.5). *E não poupou o mundo antigo, mas preservou a Noé, pregador da justiça, e mais sete pessoas, quando fez vir o dilúvio sobre o mundo de ímpios*. Pedro apresenta um segundo exemplo do juízo de Deus. Ele julgou aquela perversa geração antediluviana, inundando a terra com o dilúvio, ao mesmo tempo que poupou Noé e sua família. No segundo exemplo, portanto, Pedro retrata a desobediência dos perversos e a salvação dos justos. O argumento de Pedro pode ser assim resumido: Se Deus não poupou anjos e homens, pouparia os falsos mestres? O julgamento justo é uma necessidade imperativa para o próprio caráter de Deus. Se o bem não fosse recompensado e o mal não fosse punido, a santidade e a justiça de Deus seriam maculadas.

Em terceiro lugar, *Deus julgou Sodoma e Gomorra* (2.6). *E, reduzindo a cinzas as cidades de Sodoma e Gomorra, ordenou-as à ruína completa, tendo-as posto como exemplo a quantos venham a viver impiamente.* Sodoma e Gomorra eram cidades violentas e pervertidas sexualmente (Gn 13.13; 19.4,5; Jd 7). O pecado dessas cidades subiu até Deus. Então, ele enviou seus anjos para exercer o juízo divino sobre as cidades (Dt 29.23), que foram devoradas pelo fogo e tornaram-se cinzas. Os profetas Isaías, Jeremias, Ezequiel, Oseias e Amós também citam a destruição de Sodoma e Gomorra como exemplo da ira de Deus contra o pecado.[113] Concordo com Michael Green quando diz que esta destruição total foi permitida por Deus a fim de inculcar às gerações seguintes a lição de que a injustiça termina na ruína. O ensino e o comportamento falsos sempre acabam produzindo sofrimento e desastre, seja nos dias de Ló, seja nos dias de Pedro, seja nos nossos próprios dias.[114] O diabo, com sua astúcia, tenta induzir os homens em duas direções: primeiro, sussurrando em seus ouvidos que o pecado é inofensivo e, segundo, sugerindo que o pecado ficará impune. Mas o pecado é maligníssimo. O pecado é pior que o sofrimento e mais trágico que a própria morte. Isso porque nem o sofrimento nem a morte podem afastar os homens de Deus, mas, o pecado, esse sim, os afasta de Deus no tempo e por toda a eternidade. O pecado jamais ficará impune, pois sobre ele já existe uma sentença: *O salário do pecado é a morte* (Rm 6.23).

Em quarto lugar, *Deus livra os piedosos* (2.7-9a). *E livrou o justo Ló, afligido pelo procedimento libertino daqueles insubordinados (porque este justo, pelo que via e ouvia quando habitava entre eles, atormentava a sua alma justa, cada dia, por causa das obras iníquas daqueles), é porque o Senhor sabe livrar da provação os piedosos*. Pedro já havia mencionado o livramento de Noé e sua família. Agora, fala com mais detalhes sobre o livramento de Ló, como um exemplo do livramento que Deus dará ao seu povo quando visitar com juízo vingador os falsos mestres.

Tanto Noé como Ló são chamados de justos. A Noé, Deus poupou; a Ló, livrou. Noé pregou 120 anos a uma geração que vivia sem levar Deus em conta. Ló foi armando suas tentas para as bandas de Sodoma e acabou misturando-se com a cidade, embora nunca tenha concordado com seu estilo de vida. O sofrimento de Ló era diário e contínuo. Ele via e ouvia coisas horríveis naquelas cidades iníquas. Sua alma era atormentada pelos pecados escandalosos daqueles moradores da planície, porém não ficou entorpecida pelos atos iníquos que Ló via diariamente. Pedro descreve Ló três vezes com o adjetivo "justo": *o justo Ló* (2.7); *este justo* (2.8a); *a sua alma justa* (2.8b).[115] Ló, porém, perdeu a autoridade em Sodoma. Nem mesmo sua família foi influenciada por ele. Ló precisou ser arrancado de Sodoma.

Michael Green está coberto de razão quando diz que repetidas vezes se enfatiza que o livramento de Ló se deveu inteiramente ao favor de Deus, imerecido, que ele dá aos homens por causa daquilo que ele é, e não por causa daquilo que eles são (Gn 19.16,19).[116] Assim, da mesma forma que tirou Ló de Sodoma, Deus sabe livrar da provação os piedosos. Deus nunca permite que sejamos provados além de nossas forças. O livramento não vem de fora das lutas, mas de dentro delas. Como diz Michael Green, o cristianismo não é nenhuma apólice de seguro contra as provações da vida.[117]

Uma pergunta que deve ser feita é se nossa alma é afligida, hoje, por aquilo que vemos e ouvimos na televisão, nos jornais, nas ruas, nos tribunais. Corremos o risco de ter a alma embotada diante da secularização, a consciência anestesiada diante do pecado e o coração apático diante da gritante violação dos padrões morais.

Em quinto lugar, *Deus julga os injustos* (2.9b). *... e reservar, sob castigo, os injustos para o Dia de Juízo*. Deus não considera inocentes aqueles que deliberadamente vivem no erro e andam na imoralidade. Aqueles que zombam do pecado são loucos. Aqueles que fazem chacota do juízo divino um dia terão de experimentá-lo. Esse dia já está marcado. É o grande Dia do Juízo!

A conduta pervertida dos falsos mestres

O apóstolo Pedro passa a descrever o caráter disforme e a conduta reprovável dos falsos mestres. Vamos destacar alguns pecados dessas pessoas depravadas.

Primeiro, *o pecado da maledicência* (2.10,11). *Especialmente aqueles que, seguindo a carne, andam em imundas paixões e menosprezam qualquer governo. Atrevidos, arrogantes, não temem difamar autoridades superiores, ao passo que anjos, embora maiores em força e poder, não proferem contra elas juízo infamante na presença do Senhor*. Os falsos mestres eram homens carnais, que se entregavam a uma vida sexual dissoluta e imoral. Não admitiam seus pecados nem aceitavam ser corrigidos. Desandavam a falar contra toda autoridade civil e religiosa. Viviam de forma desordenada. Não suportavam limites nem princípios. Eram hereges quanto à teologia, escandalosos quanto à conduta e anárquicos quanto às leis.

Kistemaker diz corretamente que as doutrinas defendidas pelos falsos mestres levam a uma rejeição deliberada da autoridade de Deus.[118] Enquanto os anjos, maiores em força e poder que os homens, agem com recato em relação às autoridades, esses insubordinados e arrogantes se entregam a toda sorte de maledicência e presunção. Eles desafiam a Deus e aos homens, pois estão encantados demais consigo mesmos. Estão quase explodindo de tanta vaidade pessoal.

Kistemaker diz que os tolos se apressam a ir para lugares por onde os anjos temem passar. Os anjos bons têm razão em acusar aqueles que, em certo momento, pertenceram ao seu meio, mas depois caíram da graça de Deus. Ainda assim, os anjos fiéis de Deus evitam cuidadosamente levantar acusações contra Satanás e seus ajudantes, deixando a responsabilidade de julgar os demônios nas mãos de Deus.[119]

Segundo, *o pecado da blasfêmia* (2.12). *Esses, todavia, como brutos irracionais, naturalmente feitos para presa e destruição, falando mal daquilo em que são ignorantes, na sua destruição também hão de ser destruídos.* Os falsos mestres queriam ser doutores nos assuntos espirituais quando, na verdade, eram totalmente ignorantes. Blasfemavam com palavras malignas, atacando a verdade e fazendo apologia do erro. Porém, falavam mal do que não entendiam. Sproul diz que quando a verdade é distorcida ou negada, quando a verdade de Deus é substituída pela falsidade da heresia, então, estas situações conduzem inevitável e necessariamente não apenas a um erro intelectual, mas sobretudo a uma profunda corrupção moral.[120]

Assim são os falsos mestres ainda hoje. Pronunciam palavras impiedosas contra a sã doutrina e contra os servos de Deus, dando a impressão de que atingiram um nível mais elevado de conhecimento e experiência, quando na verdade agem apenas como animais irracionais, movidos por instintos animalescos. O apóstolo Paulo chega a dizer que esses brutos irracionais, nas suas vãs lucubrações, com o coração cheio de trevas, rotulam a si mesmos de sábios, mas se tornam loucos (Rm 1.22).

Pedro afirma que eles são presos por suas paixões e depois destruídos por elas. A sensualidade é autodestrutiva. Michael Green realça que o alvo de quem se entrega a tais práticas carnais é o prazer; porém, é trágico perceber que no fim até isto se perde. Por algum tempo pode desfrutar daquilo que chama de prazer, mas no fim, arruína sua saúde, abala seu bem-estar, destrói sua mente e seu caráter, iniciando assim sua experiência no inferno enquanto ainda está na terra.[121] Esses "brutos irracionais" destinam-se à destruição, fato que Pedro menciona com frequência (2.3,4,9,12,17,20). Ao procurar destruir a fé, eles mesmos serão destruídos. A própria natureza deles os arrastará para a destruição, como porcos que voltam ao lamaçal e cachorros que retornam ao próprio vômito (2.22). Infelizmente, até que isto aconteça, estas pessoas ainda são capazes de causar um grande estrago moral e espiritual.[122]

Terceiro, *o pecado do adultério* (2.13,14). O apóstolo Pedro aprofunda ainda mais sua descrição da vida adúltera desses libertinos hereges:

Considerando como prazer a sua luxúria carnal em pleno dia, quais nódoas e deformidades, eles se regalam nas suas próprias mistificações, enquanto banqueteiam junto convosco; tendo os olhos cheios de adultério e insaciáveis no pecado, engodando almas inconstantes, tendo coração exercitado na avareza, filhos malditos (2.13b,14).

Os falsos mestres não apenas eram adúlteros, mas desavergonhados, pois praticavam suas imoralidades à luz do dia. Viviam abertamente na prática da luxúria carnal. Refestelavam-se nessas práticas imundas, sob o manto de suas mistificações. O pecado normalmente é cometido às escondidas, na escuridão. Paulo, por exemplo, escreve: *Os que se embriagam, é de noite que se embriagam* (1Ts 5.7). Mas essas pessoas desprezavam todas as normas de comportamento e entregavam-se à lascívia até mesmo durante o dia.[123]

Conseguiam infiltrar-se no meio da igreja e até participavam de suas festas de comunhão, porém o interesse deles era se aproveitar de pessoas inconstantes e arrastá-las para a cama do adultério, roubando-lhes a honra e os bens. A expressão "engodando almas inconstantes" representa a imagem de um pescador colocando a isca no anzol ou de um caçador colocando o chamariz numa armadilha. As pessoas que mordem a isca que os falsos mestres oferecem têm a alma inconstante.[124]

Esses mestres do mal eram insaciáveis na prática do pecado. A vida deles era como uma nódoa nojenta, uma verdadeira deformidade moral. Eles receberão injustiça como salário da injustiça que praticam. Pedro está empregando uma metáfora comercial altamente evocativa para ressaltar que a imoralidade não vale a pena. No fim, defraudará você, ao invés de remunerá-lo.[125]

Os falsos mestres tinham o coração "exercitado na avareza". Isso significa que eram hábeis em sua ganância. Tinham técnicas apuradas e extremamente desenvolvidas para arrancar o dinheiro do povo. Queriam sempre mais dinheiro, mais poder e mais prestígio. Essa descrição de Pedro é o retrato exato do que estamos vendo hoje. Pregadores cheios de avareza, que aviltam a Palavra de Deus e jeitosamente a utilizam para fazer arrecadações robustas, com o propósito de enriquecimento próprio.

Quarto, *o pecado da apostasia* (2.15,16). *Abandonando o reto caminho, se extraviaram, seguindo pelo caminho de Balaão, filho de Beor, que amou o prêmio da injustiça (recebeu, porém, castigo da sua transgressão, a saber, um mudo animal de carga, falando com voz humana, refreou a insensatez do profeta)*. Esses falsos mestres saíram de dentro da igreja (At 20.30; 1Jo 2.19). Um dia professaram a fé e conseguiram ingressar na membresia da igreja. Porém, abandonaram o reto caminho e se extraviaram. Apostataram da fé. Venderam a consciência. Negociaram a verdade. A conveniência suplantou a convicção. Tornaram-se discípulos de Balaão, o profeta que, por amor ao lucro, ensinou os inimigos de Deus a seduzirem Israel, por meio de relacionamentos ilícitos. Esses falsos mestres estão dispostos a usar qualquer expediente para arrecadar dinheiro, ainda que isso, implique ensinar o povo a pecar.

Concordo com R. C. Sproul quando diz que Pedro não está descrevendo aqui os pagãos, mas os apóstatas.[126] O apóstata é aquele que um dia fez uma profissão de fé no meio do povo de Deus, mas nunca se converteu. Junta-se à igreja por todo tipo de razão, exceto a razão certa. Mais cedo ou mais tarde, ele sairá da igreja e tentará arrastar atrás de si os fiéis (At 20.30; 1Jo 2.19).

A total decepção com os falsos mestres

O apóstolo Pedro faz uma transição da degradação moral dos falsos mestres para as implicações desta depravação. Os falsos mestres, além de depravados, são uma total decepção para aqueles que neles confiam. Vejamos os motivos:

Em primeiro lugar, *os falsos mestres não têm o que prometem* (2.17). *Esses tais são como fonte sem água, como névoas impelidas por temporal. Para eles está reservada a negridão das trevas.* Há aqui duas figuras e uma sentença. As duas figuras tratam da mesma realidade. Uma fonte sem água é uma falsa promessa. É uma decepção enorme para quem a procura a fim de saciar-se. Os falsos mestres se apresentavam como verdadeiras fontes de vida, mas estavam secos. Nessa mesma linha de pensamento, Michael Green diz que esta figura é uma descrição da natureza insatisfatória da falsa doutrina. A pessoa chega a ela como se fosse uma fonte emocionante – e descobre que ali não existe água. É somente em contato com Cristo, a água da vida (Jo 4.13,14), que o homem encontrará satisfação permanente, e isto possibilitará que ele derrame do íntimo do seu ser água que satisfará os sedentos em derredor (Jo 7.38). A heterodoxia é uma grande novidade na sala de aula; é extremamente insatisfatória na paróquia.[127]

A segunda figura trata da névoa impelida pelo vento. Podemos entendê-la melhor quando a comparamos com a figura usada por Judas: *nuvens sem água impelidas pelos ventos...* (Jd 12). Uma nuvem sempre traz esperança de chuva. O agricultor que lança a semente espera pela chuva, para que dali brote uma planta viçosa e frutífera. Quando a nuvem passa e não derrama chuva, traz grande frustração ao agricultor e perda da lavoura. Kistemaker diz que esses falsos mestres lembram o temporal de vento que passa e leva embora as nuvens sem água. Assim, esses hereges causam uma comoção dentro da comunidade, mas não oferecem nada que seja substancial e que valha a pena. De certa forma, eles cultivam o desânimo.[128] Porque os falsos mestres prometem o que não podem cumprir, porque conduzem seus seguidores a caminhos de trevas, eles mesmos são sentenciados por Deus à negridão das trevas. Calvino diz que, em vez das trevas momentâneas que os falsos mestres agora espalham, há preparadas para eles trevas mais grossas, e eternas.[129]

Em segundo lugar, *os falsos mestres são enganadores que afastam as pessoas de Deus* (2.18a). *Porquanto, proferindo palavras jactanciosas de vaidade...* Os falsos mestres são desprovidos de humildade. Colocam-se no pedestal e se julgam superiores aos verdadeiros servos de Deus. Suas palavras jactanciosas fluem de um coração tomado pelo orgulho. Eles são cheios de vento, como balões que voam, mas não possuem nenhum conteúdo. São vazios, fúteis, mesquinhos. Vale destacar que os falsos mestres se apresentam como tendo a última revelação de Deus. Dizem ter vivenciado uma experiência única e singular que os demais não receberam. Carimbam a si mesmos como iluminados. Fazem uma viagem rumo ao topo e de lá de cima blasonam palavras jactanciosas. Consideram-se superiores a todos os demais. Buscam glória para si mesmos e não hesitam em receber glória dos homens. Andam na contramão do caminho da piedade e da humildade.

Em terceiro lugar, *os falsos mestres são enganadores que afastam as pessoas de Deus* (2.18b). *... engodam com paixões carnais, por suas libertinagens, aqueles que estavam prestes a fugir dos que andam no erro.* Há aqui três fatos: 1) Os falsos mestres são agentes do engano. Alimentam-se da mentira e vomitam a falsidade. Suas palavras são laços e armadilhas de morte. Michael Green diz que o pecado grosseiro dos falsos mestres era corromper cristãos relativamente novos, almas inconstantes (2.14).[130] 2) Os falsos mestres estão rendidos à imoralidade. Uma falsa teologia não pode produzir uma vida santa. Por serem corrompidos na doutrina, são também corrompidos na conduta. Se o engano é seu propósito, as paixões carnais e a libertinagem são o método que usam para arrastar pessoas inconstantes. 3) Os falsos mestres são proselitistas. Eles gostam de influenciar aqueles que estão interessados na verdade. São lobos que buscam devorar as ovelhas. Kistemaker é contundente ao comparar os falsos mestres, com animais carnívoros que caçam os membros mais fracos das manadas, sendo assim, os falsos mestres concentram sua atenção nos recém-convertidos. Os crentes que ainda não tiveram tempo suficiente para crescer na graça e no entendimento da fé cristã têm de suportar o assédio dos apóstatas.[131]

Em quarto lugar, *os falsos mestres são escravos* (2.19). *Prometendo-lhes liberdade, quando eles mesmos são escravos da corrupção, pois aquele que é vencido fica escravo do vencedor.* Os falsos mestres colocaram a liberdade contra lei e descambaram para a licenciosidade. São especialistas em pregar o que povo gosta de ouvir. Jamais falam sobre arrependimento, santidade, nova vida. Pregam uma graça barata. Anunciam outro evangelho, um falso evangelho. Falam sobre liberdade sem novo nascimento; sobre salvação sem arrependimento. Eles mesmos, porém, são escravos da corrupção. Porque são dominados pelo pecado, e dele são escravos.

O juízo inevitável dos falsos mestres

Pedro conclui sua análise sobre os falsos profetas falando sobre o juízo inevitável de Deus que virá sobre eles. Destacamos aqui três pontos:

Primeiro, *o último estado pior do que o primeiro* (2.20). *Portanto, se, depois de terem escapado das contaminações do mundo mediante o conhecimento do Senhor e Salvador Jesus Cristo, se deixam enredar de novo e são vencidos, tornou-se o seu último estado pior do que o primeiro.* Os falsos mestres saíram de dentro das fileiras da igreja (1Jo 2.19). O propósito deles é arrastar os discípulos atrás deles (At 20.30). Houve um tempo em que eles professavam a fé ortodoxa. Com o tempo, porém, abandonaram a sã doutrina e passaram a sustentar, com arrogância e exclusividade, como fazem as seitas, outros pontos de vistas.

O resultado foi a apostasia (1Co 10.1-12; Hb 3.12-18; 6.6; 10.26,38,39; Jd 4-6). O pecado desses falsos mestres não é de ignorância. Eles conheciam a verdade e mesmo assim a desprezaram. É por isso que os pecados do líder são mais graves, hipócritas e danosos. Mais graves porque o líder peca contra um conhecimento maior. Mais hipócrita porque o líder fala de vida nova e vive imiscuído com o pecado. E mais danoso porque, quando o líder cai, mais pessoas são afetadas.

Os falsos mestres chamam a escravidão de liberdade e as trevas de luz. Este é um pecado imperdoável não porque Deus está indisposto a perdoar, mas porque o homem que persiste nesse caminho recusa-se a aceitar o perdão.[132]

Segundo, *melhor seria nunca ter conhecido a verdade* (2.21). *Pois melhor lhes fora nunca tivessem conhecido o caminho da justiça do que, após conhecê-lo, volverem para trás, apartando-se do santo mandamento que lhes fora dado.* Caminho era o nome primitivo do cristianismo. Esses mestres tinham dado as costas às verdades que um dia professaram. O resultado é que no dia do juízo serão mais culpados diante de Deus do que seriam se nunca tivessem ouvido o evangelho. A heresia é um grande mal, e os hereges serão julgados com maior rigor. Eles não escaparão no dia do juízo nem serão inocentados. Será grande a ruína daqueles que fizeram tropeçar o povo de Deus e desviaram as pessoas do caminho da verdade.

Terceiro, *a tragédia do retorno à imundícia (2.22). Com eles aconteceu o que diz certo adágio verdadeiro: O cão voltou ao seu próprio vômito; e: A porca lavada voltou à revolver-se no lamaçal.* Pedro chama os apóstatas de brutos irracionais (2.12) e, depois, termina sua advertência descrevendo-os como porcos e cães. Concordo com Michael Green quando diz que o maior castigo dos falsos mestres é que serão entregues à sorte que escolheram. A qualidade horrível e irrevogável do inferno acha-se justamente aqui: Deus confirma a escolha deliberada do homem. No fim, todos vamos "para nosso próprio lugar". O cachorro que, ao vomitar, se vê livre da corrupção que havia dentro dele não pode deixar o assunto em paz; volta a cheirar o vômito. A porca que se vê livre da corrupção que havia fora dela pelo esfregamento com uma escova não pode resistir a rolar no monturo de estrume.[133]

Nas palavras de Warren Wiersbe, o porco foi lavado por fora, mas continuou sendo um porco; o cão foi "limpo" por dentro, mas continuou sendo um cão. O porco parecia melhor e o cão se sentia melhor, mas nenhum dos dois havia mudado. Cada um continuou tendo a mesma natureza, não uma nova. Isto explica porque os dois voltaram à sua antiga vida: fazia parte de sua natureza.[134] Os verdadeiros cristãos receberam uma nova natureza, uma nova mente, um novo coração, uma nova vida, uma nova família, uma nova pátria.

Concluo a exposição deste capítulo com as oportunas palavras de William MacDonald:

Essa passagem não deveria ser usada para ensinar que verdadeiros crentes podem cair da graça e se perder. As pessoas descritas aqui como porcos e cães jamais foram verdadeiros crentes. Jamais receberam uma nova natureza. Demonstraram, pelo seu último estado, que sua natureza era ainda impura e má. Uma reforma exterior não é apenas insuficiente, mas também perigosa, pois pode conduzir uma pessoa a uma falsa segurança. Um homem só pode receber uma nova natureza através do novo nascimento. Pode nascer de novo somente por meio do arrependimento para com Deus e da fé em nosso Senhor Jesus Cristo.[135]

Notas do capítulo 4

[101] Green, Michael. *II Pedro e Judas*, p. 89.
[102] Sproul, R. C. *1-2 Peter*, p. 242.
[103] MacDonald, William. *Believer's Bible Commentary*, p. 2294.
[104] Green, Michael. *II Pedro e Judas*, p. 90.
[105] Wiersbe, Warren W. *Comentário bíblico expositivo*. Vol. 6, p. 577.
[106] MacDonald, William. *Believer's Bible Commentary*, p. 2295.
[107] Barclay, William. *Santiago, I y II Pedro*, p. 360.
[108] Blum, Edwin A. 2 Peter. In: *Hebrews-Revelation*. Vol. 12. The Expositor's Bible Commentary. Grand Rapids, MI: Zondervan, 1981, p. 277.
[109] Barclay, William. *Santiago, I y II Pedro*, p. 360.
[110] Wiersbe, Warren W. *Comentário bíblico expositivo*. Vol. 6, p. 576,577.

[111] GREEN, Michael. *II Pedro e Judas*, p. 94,95.
[112] KISTEMAKER, Simon. *Epístolas de Pedro e Judas*, p. 383,384.
[113] Isaías 1.9; 13.19; Jeremias 50.40; Ezequiel 16.40; Oseias 11.8; Amós 4.11.
[114] GREEN, Michael. *II Pedro e Judas*, p. 96.
[115] KISTEMAKER, Simon. *Epístolas de Pedro e Judas*, p. 388.
[116] GREEN, Michael. *II Pedro e Judas*, p. 97.
[117] GREEN, Michael. *II Pedro e Judas*, p. 98.
[118] KISTEMAKER, Simon. *Epístolas de Pedro e Judas*, p. 395.
[119] KISTEMAKER, Simon. *Epístolas de Pedro e Judas*, p. 396.
[120] SPROUL, R. C. *1-2 Peter*, p. 260.
[121] GREEN, Michael. *II Pedro e Judas*, p. 103.
[122] WIERSBE, Warren W. *Comentário bíblico expositivo*. Vol. 6, p. 585.
[123] KISTEMAKER, Simon. *Epístolas de Pedro e Judas*, p. 402,403.
[124] WIERSBE, Warren W. *Comentário bíblico expositivo*. Vol. 6, p. 586.
[125] GREEN, Michael. *II Pedro e Judas*, p. 104.
[126] SPROUL, R. C. *1-2 Peter*, p. 262.
[127] GREEN, Michael. *II Pedro e Judas*, p. 110.
[128] KISTEMAKER, Simon. *Epístolas de Pedro e Judas*, p. 411.
[129] CALVIN, John. *Calvin's Commentaries*. Vol. XXII, p. 407.
[130] GREEN, Michael. *II Pedro e Judas*, p. 112.
[131] KISTEMAKER, Simon. *Epístolas de Pedro e Judas*, p. 413.
[132] GREEN, Michael. *II Pedro e Judas*, p. 114.
[133] GREEN, Michael. *II Pedro e Judas*, p. 116.
[134] WIERSBE, Warren W. *Comentário bíblico expositivo*. Vol. 6, p. 594.
[135] MACDONALD, William. *Believer's Bible Commentary*, p. 2300.

Capítulo 5

A segunda vinda de Cristo, o grande Dia de Deus
(2Pe 3.1-18)

Pedro conhecia a importância vital da repetição como recurso pedagógico. Por isso, não hesita em repetir as mesmas verdades até fixá-las na mente de seus leitores. O conteúdo dessa segunda carta tem como propósito reavivar a memória dos crentes esclarecidos pela verdade.

No capítulo anterior, o apóstolo tratou do caráter pervertido dos falsos mestres; agora, trata de seus falsos ensinamentos. Pedro já havia ensinado sobre a certeza da segunda vinda de Cristo em glória (1.16), uma verdade que os falsos mestres negavam. Chegaram a ponto de zombar da ideia de que Jesus voltaria para julgar o mundo e estabelecer seu reino de glória. Os autores do Novo Testamento ensinam, com regularidade, a doutrina da volta de Jesus. Na realidade, essa doutrina pode ser encontrada em todos os livros do Novo Testamento, com exceção de Gálatas e das seguintes breves epístolas: Filemom, 2João e 3João.[136]

Destacaremos alguns pontos importantes no estudo em apreço.

A centralidade da Palavra

Pedro escreve como apóstolo e pastor da igreja. Jesus o constituiu pastor a fim de pastorear suas ovelhas. Ele está cumprindo essa missão. Ensinou os crentes dispersos na primeira carta e agora, na segunda epístola, reforça as mesmas verdades. O propósito precípuo dessa carta é despertar e estimular os leitores (1.12-15). Conforme escreveu Warren Wiersbe, "a igreja precisa ser despertada regularmente, a fim de que o inimigo não nos encontre adormecidos nem se aproveite de nossa letargia espiritual".[137] O ensino de Pedro está estribado em três bases sólidas, as quais constituem um único alicerce.

Em primeiro lugar, *a unidade das Escrituras* (3.1,2a). *Amados, esta é, agora, a segunda epístola que vos escrevo; em ambas, procuro despertar com lembranças a vossa mente esclarecida, para que vos recordeis das palavras que, anteriormente, foram ditas pelos santos profetas...* O argumento de Pedro é que a profecia sobre o Dia do Senhor não foi inventada pelos apóstolos. Os profetas, assim como Jesus Cristo, ensinaram tais preceitos. Com isso, Pedro enfatiza, de forma peremptória, a unidade das Escrituras. Há plena harmonia entre o que os profetas anunciaram, o que Jesus disse e o que os apóstolos estão ensinando. Não há conflito nem contradição nas Escrituras. Quando os falsos mestres questionavam a promessa da vinda de Cristo, estavam, na verdade, duvidando da veracidade das Escrituras. Vários profetas ergueram a voz para falar sobre o julgamento do mundo (Is 2.10-22; 13.6-16; Jr 30.7; Dn 12.1; Am 5.18-20; Zc 12.1-14.2). Jesus e os apóstolos falaram, com clareza, sobre as mesmas verdades. A Palavra de Deus, Antigo e Novo Testamentos, é a verdade. Não há contradição entre o Antigo e o Novo Testamento. O Novo Testamento está latente no Antigo, e o Antigo Testamento está patente no Novo.

Em segundo lugar, *o ensino de Cristo* (3.2b). ... *bem como do mandamento do Senhor e Salvador...* Jesus falou, de forma categórica, sobre o dia da sua segunda vinda e do julgamento do mundo. O seu conhecido Sermão do Monte (Mt 24-25) é um tratado acerca do assunto. O que os profetas disseram é aqui confirmado por Jesus, nosso Senhor e Salvador. O sermão escatológico de Jesus aborda os sinais de sua vinda, as condições para sua vinda e os resultados de sua vinda. O futuro é desconhecido por nós, mas não caminhamos em sua direção sem luz. Embora não saibamos qual será o dia da segunda vinda de Cristo, temos placas de orientação ao longo do caminho, em nossa jornada rumo à glória.

Em terceiro lugar, *o ensino dos apóstolos* (3.2c). ... *ensinado pelos vossos apóstolos.* A doutrina da segunda vinda de Cristo e do julgamento final é abordada não apenas pelos profetas e pelo próprio Senhor Jesus, mas também por seus apóstolos (1Ts 4.13-18; 5.1-11; Ap 6.12-17). A segunda vinda de Cristo é o ápice da revelação bíblica, a doutrina mais repetida e enfatizada em todas as Escrituras. A história não está à deriva. O mundo não está sem direção. A história é teleológica e caminha para a consumação. O fim já está escrito e determinado: é a vitória retumbante de Cristo e de sua igreja.

O ataque dos falsos mestres

Os falsos mestres são chamados aqui de escarnecedores. Não apenas negam intelectualmente as verdades de Deus, mas zombam e escarnecem delas. Destacamos algumas verdades sobre os falsos mestres.

Primeira, *o tempo em que surgirão os falsos mestres* (3.3a). *Tendo em conta, antes de tudo, que, nos últimos dias, virão escarnecedores com os seus escárnios...* Os últimos dias referem-se a todo o período compreendido entre a primeira e a segunda vinda de Cristo. Porém, à medida que o tempo avança para o fim, recrudesce o número de falsos profetas, pois os últimos tempos são caracterizados pelo crescimento da iniquidade e pelo abandono da verdade, conhecido como "a apostasia" (2Ts 2.8). O primeiro sinal do fim dos tempos apontado por Jesus, no sermão profético, é o engano religioso (Mt 24.3,4).

Warren Wiersbe diz corretamente que um escarnecedor é alguém que trata levianamente de algo que deveria ser levado a sério. No tempo de Noé, o povo escarneceu da ideia do julgamento, e os cidadãos de Sodoma ridicularizaram a possibilidade de a cidade pecadora ser destruída por fogo e enxofre. Os falsos mestres estavam agora zombando da ideia do inferno e do vindouro julgamento deste mundo.[138] Simon Kistemaker alerta para o fato de que o escárnio não deve ser confundido com a zombaria. A zombaria retrata frivolidade, mas o escárnio é um pecado intencional. Ocorre quando, deliberadamente, alguém demonstra desprezo por Deus e por seu Filho.[139]

Segunda, *o estilo de vida dos falsos mestres* (3.3b). *... andando segundo as próprias paixões.* Os escarnecedores são heréticos quanto à doutrina e devassos quanto à conduta. São heterodoxos quanto à teologia e pervertidos quanto à ética.

A teologia é mãe da ética. O que uma pessoa pensa revela o que ela é. Uma doutrina errada desemboca em vida errada. A pergunta que não se cala é: Qual o motivo da zombaria desses apóstatas? Seu desejo de continuar vivendo em pecado! Warren Wiersbe tem razão ao dizer:

> Se o estilo de vida do indivíduo é contrário à Palavra de Deus, só lhe resta mudar de vida ou distorcer a Palavra de Deus. Os apóstatas escolheram a segunda opção, de modo que escarneceram da doutrina do julgamento e da vinda do Senhor.[140]

Ainda hoje, muitos falsos mestres criam uma teologia para justificar seus desvios morais. Em vez de aceitar humildemente o confronto da verdade, distorcem a verdade, para continuar na prática de suas próprias paixões. Tornam-se não apenas apóstatas, mas sobretudo, convenientes. Preferem torcer a verdade a serem por ela disciplinados. Preferem tapar os ouvidos à voz de Deus a mudar sua conduta pervertida. Preferem a heresia ao arrependimento.

Terceira, *o ensino dos falsos mestres* (3.4). *E dizendo: Onde está a promessa da sua vinda? Porque, desde que os pais dormiram, todas as coisas permanecem como desde o princípio da criação.* Com uma pergunta em tom de censura, os escarnecedores colocaram em dúvida a veracidade da segunda vinda de Cristo. Aliás, eles não apenas duvidavam; eles decisivamente negavam essa doutrina. Escarneciam da promessa. Faziam troça da esperança cristã. E não apenas negavam, mas usavam um argumento falso para ancorar suas ideias nebulosas. Diziam que, desde os primórdios, o mundo era o mesmo, e nunca havia acontecido nada na história que garantisse o cumprimento dessa promessa. Lawrence Richards explica:

> Aqueles que ridicularizavam a doutrina da segunda vinda de Cristo baseavam a sua zombaria em uma suposição que está por trás de uma boa parte da moderna perspectiva "científica" do mundo. O universo e tudo o que há nele pode ser explicado por processos naturais que funcionaram desde o princípio. Não há a necessidade de inventar um "Deus" para explicar a origem do universo nem o desenvolvimento das criaturas vivas. O homem é somente mais um animal que evolui acidentalmente.[141]

Nessa mesma linha de pensamento, Warren Wiersbe diz: "É espantoso como os chamados 'pensadores' (cientistas, teólogos liberais, filósofos) são seletivos e se recusam, intencionalmente, a considerar certos dados".[142] Os escarnecedores não estão interessados no tempo da volta de Jesus, mas perguntam *onde*. Assim, duvidam da veracidade da palavra escrita e falada de Deus, de maneira parecida com o que fez o povo judeu nos dias que antecederam o exílio (Jr 17.15).[143] Os escarnecedores alegam que a vinda de Cristo não fez nenhuma diferença no que se refere à morte. Dizem que os primeiros cristãos morreram como todas as outras pessoas. Concluem, portanto, que o evangelho é irrelevante.[144] Vivemos numa geração que não suporta ouvir as verdades axiais do cristianismo. Taxam os pregadores fiéis de fanáticos alarmistas. Chamam os mensageiros de Deus de falastrões medievais. Rotulam-nos de retrógrados e ultrapassados. Preferem o conforto do erro ao confronto da verdade.

Quarta, *o deliberado esquecimento dos falsos mestres* (3.5a). *Porque, deliberadamente, esquecem...* O esquecimento dos falsos mestres não se devia à falta de memória, mas à falta de integridade. Eles eram governados pela conveniência, e não pela verdade. Eles se esqueciam deliberadamente, propositadamente. Tentavam apagar da memória o fato de que o mesmo Deus que criou os céus e a terra também destruiu a terra por meio do julgamento cataclísmico do dilúvio (3.6). Sim, Deus já interveio no mundo de forma drástica. Ele já manifestou seu juízo na história. O mundo que veio à existência da água pela palavra, esse mesmo mundo pereceu no dilúvio. O mesmo Deus que fez perecer o mundo pela água, no dilúvio, fará os elementos da natureza derreter pelo fogo, no grande dia do juízo.

Lawrence Richards tem razão ao dizer que, quando Pedro denuncia que os críticos "voluntariamente ignoram" esses fatos, ele reflete um argumento que já havia sido lançado por Paulo no primeiro capítulo de Romanos. O que pode ser conhecido a respeito de Deus foi revelado à humanidade desde a criação. Contudo, sem a vontade de conhecer a Deus, os homens "torcem as Escrituras" e no seu lugar inventam e disseminam explicações para a maneira como as coisas são – seus raciocínios e conclusões são patentemente ridículos.[145]

A destruição do mundo

Pedro rebate o argumento sofismático dos escarnecedores, citando dois acontecimentos históricos que comprovam suas afirmações: a obra de Deus na criação (3.5) e o dilúvio no tempo de Noé (3.6). Destacamos três acontecimentos:

Em primeiro lugar, *a criação do mundo* (3.5b). *... que, de longo tempo, houve céus bem como terra, a qual surgiu da água e através da água pela palavra de Deus*. O mundo não surgiu espontaneamente. A criação não é produto de uma explosão cósmica nem de uma evolução de milhões e milhões de anos. O mundo foi criado por Deus: *No princípio criou*

Deus os céus e a terra (Gn 1.1). A terra em si surge da água (Gn 1.9). Essa interpretação está relacionada mais à origem que à substância, ou seja, o texto explica como a terra foi formada, mas não revela a fonte da matéria. Não apenas as águas dos oceanos e lagos e a precipitação dos céus foram essenciais para a formação da terra, como também a chuva e o orvalho, a neve e o gelo nutrem e sustentam a terra (Gn 1.7).[146] O mundo foi criado por Deus pela palavra do seu poder. A terra surgiu da água e através da água pela ordem de Deus. Deus é o criador do mundo. Deus é o sustentador do mundo. E Deus levará o mundo ao julgamento final.

Em segundo lugar, *o dilúvio, o juízo de Deus no passado* (3.6). *Pela qual* [pela palavra de Deus] *veio a perecer o mundo daquele tempo, afogado em água*. Os escarnecedores se esqueceram, deliberadamente, de que Deus já havia manifestado seu julgamento no passado. O dilúvio foi um juízo solene de Deus ao mundo antigo. O mundo inteiro, com exceção da família de Noé, pereceu afogado pelas águas. O dilúvio foi universal. Atingiu toda a raça humana. Os escarnecedores dos tempos de Pedro viam a natureza, mas não reconheciam o Criador e sua autoridade. Quando Deus ordenou que as águas destruíssem os seres humanos e os animais na face da terra, *romperam-se todas as fontes do grande abismo, e as comportas dos céus se abriram* (Gn 7.11; 8.2). A água veio de baixo e de cima e cobriu a terra, de modo que *tudo o que tinha fôlego de vida em suas narinas, tudo o que havia em terra seca, morreu* (Gn 7.22).[147]

Em terceiro lugar, *a destruição do mundo, o juízo de Deus no futuro* (3.7). *Ora, os céus que agora existem e a terra, pela mesma palavra, têm sido entesourados para fogo, estando reservados para o Dia do Juízo e destruição dos homens ímpios*. Pedro contrasta o mundo antigo com os céus e a terra do presente. O mundo de Noé foi destruído pela água; o mundo presente será queimado pelo fogo. A conclusão parece ser que o dilúvio foi universal, assim como a destruição iminente pelo fogo também será universal.[148] Naquele tempo, Deus salvou Noé e sua família das águas do dilúvio e também salvará os crentes quando ocorrer esse fogo devastador que queimará céus e terra.

O mesmo Deus que destruiu o mundo pela água no dilúvio, destrui-lo-á pelo fogo no Dia do Juízo (2.3). Três vezes nesse capítulo, Pedro revela a destruição iminente da criação de Deus pelo fogo (3.7,10,12). O propósito de Deus por fim ao mundo por meio do fogo é julgar os perversos. No entanto, o pecado não atingiu apenas a raça humana, mas toda a natureza. Então, neste dia, Deus também purificará a terra dos ímpios que habitam este planeta.

O Dia do Senhor será terrível! A ira de Deus vai arder, e os homens mais poderosos tentarão se esconder nas cavernas. Eles se encherão de medo por causa da ira do Deus Todo-poderoso (Ap 6.12-17). Como diz o profeta Amós, aquele será um dia de trevas, e não de luz (Am 5.18). Nesse dia, os próprios céus serão combustível para o fogo divino. Deus prometeu que não haverá mais dilúvio para destruir o mundo (Gn 9.8-17). O próximo julgamento, portanto, será de fogo.

Warren Wiersbe está certo quando diz que Pedro aparentemente indica que o mundo não será destruído pelo ser humano com seu abuso pecaminoso da energia atômica. Será Deus quem na hora certa "apertará o botão" e queimará toda a criação e, com ela, as obras do ser humano perverso. Então, Deus trará novos céus e nova terra e reinará em glória.[149]

Nesse dia, os ímpios serão destruídos. Não haverá escape nem livramento. Eles terão de enfrentar a ira do Deus Todo-poderoso. Não escaparão do juízo. Sofrerão penalidade de eterna destruição e serão lançados nas trevas exteriores, no lago de fogo, na condenação eterna, pelos séculos dos séculos. Ah, como será terrível esse dia! O mundo oscila como um bêbado ao mesmo tempo que marcha célere para o grande dia do juízo. Os homens se aprofundam no pecado e escarnecem de Deus. Zombeteiramente profanam o sagrado e exaltam o que é vil. Caminham sem pudor e sem temor. Porém, quando chegar aquele dia, até mesmo os mais açodados no pecado tremerão diante do Deus Todo-poderoso. Como Belsazar e seus convidados, se encherão de pavor, e seu riso será convertido em lamento.

A demora da segunda vinda de Cristo

Os escarnecedores zombavam da promessa da segunda vinda de Cristo, levantando o argumento do tempo. Diziam: Desde que o mundo é mundo, nada mudou. Obviamente, estavam errados. Mas talvez alguns crentes também possam perguntar: Por que Jesus está demorando tanto em vir? Se Paulo já aguardava a volta de Jesus para os seus dias (1Ts 4.16,17), por que depois de dois mil anos Cristo ainda não voltou? Pedro nos ajuda a entender essa questão, esclarecendo alguns pontos importantes.

Primeiro, *o tempo na perspectiva de Deus* (3.8). *Há, todavia, uma coisa, amados, que não deveis esquecer: que, para o Senhor, um dia é como mil anos, e mil anos, como um dia.* O Eterno não vê o tempo como nós vemos. Nós, humanos, somos mortais, mas só Deus é eterno. Para ele, não existe passado nem futuro. Ele vê todas as coisas no seu eterno agora. Deus está no passado e no futuro ao mesmo tempo. Para ele, um dia é como mil anos, e mil anos como um dia (Sl 90.4). Assim, Pedro está dizendo que os escarnecedores ignoraram os feitos de Deus e a natureza de Deus. O nosso Deus é eterno. Não tem começo nem fim. Habita a eternidade. É o Pai da eternidade. Apesar de Deus agir no tempo, não está preso nem limitado a ele.

Concordo com Simon Kistemaker quando diz que Pedro evita especular sobre quando virá o fim. O apóstolo conhece a palavra de Jesus sobre o assunto: *Mas a respeito daquele dia e hora, ninguém sabe, nem os anjos dos céus, nem o Filho, senão somente o Pai* (Mt 24.36). Além do mais, Pedro sabe que Deus vê o tempo da perspectiva da eternidade e que o homem, condicionado pelo tempo cósmico, não é capaz de compreender a eternidade.[150]

Segundo, *o propósito da demora da segunda vinda de Cristo* (3.9). *Não retarda o Senhor a sua promessa, como alguns a julgam demorada; pelo contrário, ele é longânimo para convosco, não querendo que nenhum pereça, senão que todos cheguem ao arrependimento*. Os escarnecedores não compreendem a natureza eterna de Deus nem sua misericórdia. Deus adia a segunda vinda de Cristo, o dia do julgamento, porque deseja dar aos pecadores perdidos a oportunidade de serem salvos. A demora da segunda vinda de Cristo está relacionada à longanimidade de Deus. Cada dia que passa significa que Deus está dando ao pecador mais uma oportunidade de arrependimento. Na verdade, Deus não tem prazer na morte do ímpio (Ez 33.11). Ele deseja que todos os homens sejam salvos (1Tm 2.4). Não quer que nenhum pereça, mas que todos cheguem ao arrependimento (3.9). É claro que esse texto não está apontando para um universalismo. Pedro deixa claro que os falsos mestres e escarnecedores serão condenados e estão diante da destruição (2.3; 3.7).

Nesse texto Pedro se dirige ao povo da aliança. Deus está aguardando até que o último eleito seja chamado e a última ovelha, por quem Cristo deu sua vida, se entregue aos braços do Supremo Pastor.

Terceiro, *a forma como Jesus virá* (3.10a). *Virá, entretanto, como ladrão, o Dia do Senhor...* Depois de refutar as falsas declarações dos escarnecedores, Pedro reafirma a certeza da vinda do Dia do Senhor. O Dia do Senhor virá e não tardará. A aparente demora da segunda vinda de Cristo, porém, não nos pode levar ao relaxamento espiritual. Não podemos ser imprudentes como as cinco virgens néscias que estavam sem azeite em suas lâmpadas. Tanto Jesus (Mt 24.43; Lc 12.39) quanto os apóstolos Pedro (3.10) e Paulo (1Ts 5.2) afirmaram que o Dia do Senhor virá como ladrão, inesperadamente. Não será um dia óbvio. Não é possível marcar datas. Precisamos estar alertas e preparados. Somos filhos da luz e, por isso, esse dia não nos pode apanhar de surpresa. Precisamos vigiar e aguardar a volta do Senhor. Precisamos amar a vinda do Senhor (2Tm 4.8).

Quarto, *o efeito da segunda vinda de Cristo na criação* (3.10b). ... *no qual os céus passarão com estrepitoso estrondo, e os elementos se desfarão abrasados; também a terra e as obras que nela existem serão atingidas.* O Dia do Senhor será tremendo. A ira do Deus Todo-poderoso limpará o mundo de todo vestígio do pecado. A própria natureza, que está gemendo com dores de parto, derreterá pelo fogo de Deus. A terra e as obras que nela existem serão atingidas por esse fogo divino.

Pedro é contundente em afirmar que ruirá tudo aquilo que o homem tiver construído. Os tesouros que os homens ajuntaram derreterão. Nada que o homem tiver levantado ficará de pé. As grandes obras dos homens serão consumidas pelo fogo. Todas as coisas das quais os homens se orgulham – grandes cidades, construções, invenções e realizações – serão destruídas em um instante. Quando os pecadores estiverem diante do trono de Deus, não terão coisa alguma para mostrar como prova de sua grandeza. Tudo terá desaparecido.[151] A expressão "se desfarão abrasados" significa "desintegrar-se, dissolver-se". Dá a ideia de algo sendo decomposto em seus elementos fundamentais, exatamente o que acontece na liberação da energia atômica.[152]

A consumação de todas as coisas

O apóstolo Pedro descreve a cena do Juízo Final e faz uma poderosa aplicação. Tendo em vista que Jesus voltará e que o juízo divino é inevitável, como devemos nos portar? Que estilo de vida devemos adotar?

Em primeiro lugar, *precisamos estar preparados* (3.11). *Visto que todas essas coisas hão de ser assim desfeitas, deveis ser tais como os que vivem em santo procedimento e piedade.* Os céus e a terra passarão. As grandes obras e os grandes monumentos erguidos pelos homens na terra entrarão em colapso e se derreterão como cera na fornalha. Uma vez que essa é uma realidade inegável, insofismável e incontornável, precisamos viver de forma santa e piedosa. Precisamos estar preparados para encontrar o Senhor (Am 4.12). Em vez de vivermos especulando acerca de datas, devemos viver em santo procedimento e piedade. Em vez de engrossar as fileiras da comissão de planejamento da volta de Cristo, devemos fazer parte do comitê de recepção.

Em segundo lugar, *precisamos aguardar a segunda vinda de Cristo com exultante expectativa* (3.12a). *Esperando [...] a vinda do Dia de Deus...* A igreja de Deus não dorme como os filhos das trevas. Não vive de forma desordenada como os ímpios. A igreja de Deus é filha da luz. Tem azeite em suas lâmpadas. Ama a vinda do Senhor e clama constantemente: *Maranata, ora vem, Senhor Jesus*. O Dia de Deus é o grande e glorioso dia, quando Jesus irromperá nas nuvens, com grande poder e majestade, para buscar sua noiva. Esse dia deve ser ardentemente esperado. Nossos olhos precisam estar fixados nas alturas. Essa expectativa exultante tem o poder de produzir um profundo impacto em nossa conduta.

Em terceiro lugar, *precisamos apressar o Dia do Senhor* (3.12b). *... e apressando a vinda do Dia de Deus, por causa do qual os céus, incendiados, serão desfeitos, e os elementos abrasados se derreterão*. A expectativa da volta de Jesus deve repercutir não apenas na conduta, mas também no testemunho. Pedro afirma que é possível apressar a volta de Jesus Cristo. Se o trabalho de Deus hoje é chamar um povo para seu nome (At 15.14), quanto antes esse trabalho for completado, mais cedo o Senhor voltará.[153] O Dia de Deus será tão solene e grave que os céus serão incendiados e desfeitos, e os elementos da natureza abrasados se derreterão. Esse será o grande Dia, a consumação dos séculos, quando Jesus, visível, audível e triunfantemente, seguido por um séquito celestial, descerá dos céus, com grande poder e muita glória. Esse dia será o dia da vingança do nosso Deus contra seus inimigos e o dia do resgate final de sua igreja. Será dia de trevas para os ímpios e dia de luz aurifulgente para os remidos – o dia da recompensa.

Devemos não apenas aguardar esse dia, mas também apressá-lo. Como podemos apressá-lo? Levando o evangelho do reino até aos confins da terra, a todas as etnias, pois o

Senhor Jesus proclamou: *E será pregado este evangelho do reino por todo o mundo, para testemunho a todas as nações. Então, virá o fim* (Mt 24.14). Deus, na sua longanimidade, não quer que nenhum dos seus pereça. A igreja precisa erguer sua voz e pregar, pois a fé vem pelo ouvir a Palavra de Deus (Rm 10.17).

Em quarto lugar, *precisamos aguardar o cumprimento da promessa da consumação* (3.13). *Nós, porém, segundo a sua promessa, esperamos novos céus e nova terra, nos quais habita justiça.* Esse derretimento dos céus e da terra pelo fogo divino não é uma tragédia para a igreja, mas o início de uma eternidade gloriosa. É claro que os céus que serão derretidos não equivalem ao céu, habitação de Deus e dos remidos, pois o pecado não contaminou esse céu. É preciso esclarecer também que os céus que nossos olhos agora veem e a terra na qual habitamos não serão destruídos pelo fogo de Deus, mas restaurados pelo fogo divino. Todo vestígio de pecado será destruído. Toda marca do pecado será banida. O paraíso será restaurado. Habitaremos novos céus e nova terra!

Com a palavra *novo*, Pedro ensina que a nova criação surge da antiga, ou seja, o velho dá à luz o novo. O dilúvio não aniquilou a terra, mas a transformou; assim como a nova terra foi consequência do dilúvio, também os novos céus e a nova terra serão consequência do fogo.[154] Nessa mesma linha de pensamento, Kistemaker explica que, nos novos céus e na nova terra, Deus lança fora o pecado, e assim, liberta a criação de sua escravidão (Rm 8.22). Pedro chama a nova criação de "lar de justiça". O apóstolo personifica o termo *justiça* afirmando que ela tem residência permanente nos novos céus e nova terra. Essa expressão junta os dois termos, tornando-os um só.[155]

Exortações à igreja

Pedro conclui sua segunda epístola fazendo algumas exortações oportunas às igrejas da dispersão. Que exortações são essas?

Primeiro, *sejam irrepreensíveis na conduta* (3.14). *Por essa razão, pois, amados, esperando estas coisas, empenhai--vos por serdes achados por ele em paz, sem mácula e irrepreensíveis.* Uma vez que Jesus voltará e Deus julgará o mundo com justiça, devemos nos empenhar para que, naquele dia, Deus nos encontre vivendo em paz e santidade e andando de forma irrepreensível. A expectativa da segunda vinda de Cristo é um freio contra o pecado e um estímulo à santidade. É impossível aguardar a segunda vinda e ao mesmo tempo envolver-se em conflitos interpessoais, chafurdar na impureza e viver de forma escandalosa. A exortação de Pedro objetiva que o Senhor nos encontre "em paz", não tendo nenhuma acusação contra nós, de modo que não sejamos envergonhados na sua vinda (1Jo 2.28).

Segundo, *aceitem a verdade de Deus* (3.15,16). Eis o relato de Pedro:

E tende por salvação a longanimidade de nosso Senhor, como igualmente o nosso amado irmão Paulo vos escreveu, segundo a sabedoria que lhe foi dada, ao falar acerca destes assuntos, como, de fato, costuma fazer em todas as suas epístolas, nas quais há certas coisas difíceis de entender, que os ignorantes e instáveis deturpam, como também deturpam as demais Escrituras, para a própria destruição deles.

Pedro declara que as epístolas de Paulo são canônicas, inspiradas e têm a autoridade da Palavra de Deus. Fazem parte das Escrituras tanto quanto os escritos dos profetas e as palavras de Jesus. Os apóstolos Pedro e Paulo estão alinhados pelas mesmas verdades das Escrituras, embora com dons e ministérios diferentes. Não há disputas entre eles.

Pedro confessa que Deus deu uma capacidade especial a Paulo para tratar com profundidade e sabedoria alguns temas, mormente acerca das últimas coisas, verdades essas que os ignorantes e instáveis deturpam para sua própria destruição. Warren Wiersbe tem razão ao dizer que a maioria das heresias é deturpação de alguma doutrina fundamental da Bíblia. Os falsos mestres usam certos versículos fora de contexto, distorcem o significado das Escrituras e criam doutrinas contrárias à Palavra de Deus. Alguns escritores liberais tentam até mesmo provar a existência de diferenças entre a doutrina dos apóstolos e a doutrina de Jesus Cristo, ou entre os ensinamentos de Pedro e os de Paulo. Fazem isso para a sua própria destruição.[156]

Terceiro, *rejeitem o engano* (3.17). *Vós, pois, amados, prevenidos como estais de antemão, acautelai-vos; não suceda que, arrastados pelo erro desses insubordinados, descaiais da vossa própria firmeza*. Pedro se dirige aos crentes, alertando-os acerca do perigo de serem influenciados e arrastados pela sedução dos falsos mestres. Os crentes já haviam sido prevenidos pelo apóstolo sobre a armadilha dos falsos ensinos e agora recebem mais um lembrete: Cuidado! Acautelem-se! Fiquem firmes!

A palavra grega *sterigmou*, traduzida por "firmeza", representa uma posição estável, como a dos planetas no céu. Semelhantemente ao sol, a verdade revelada é o centro ao redor do qual nós orbitamos. É tragicamente possível que até mesmo os verdadeiros crentes sejam enganados e levados ao erro ao promover os falsos mestres. Quando isso acontece, a nossa "órbita" se torna instável e a nossa vida é completamente afetada pela "oscilação".[157] Warren Wiersbe está coberto de razão quando diz que é preciso ensinar aos cristãos novos na fé as doutrinas fundamentais da Palavra de Deus, pois, de outro modo, eles correrão o risco de serem "arrastados pelo erro desses insubordinados".[158]

Quarto, *cresçam no conhecimento e na graça* (3.18). *Antes, crescei na graça e no conhecimento de nosso Senhor e Salvador Jesus Cristo. A ele seja a glória, tanto agora como no dia eterno.* Em vez de dar atenção às heresias dos escarnecedores, os crentes são desafiados a se apegarem ainda mais à Palavra. Quanto mais os crentes se alimentarem da Palavra, mais crescerão na graça e no conhecimento de Jesus Cristo. Quanto mais conhecermos a Cristo, mais cresceremos na graça. O conhecimento de Cristo é a raiz; a graça é o fruto. Não se trata apenas de conhecer um dogma, mas de conhecer uma Pessoa. Não é conhecimento a respeito de alguém, mas intimidade com esse alguém. Não se trata de conhecer qualquer pessoa, mas a Pessoa bendita de nosso Senhor e Salvador Jesus Cristo. O conhecimento não é apenas teórico, mas experimental. Há aqui um equilíbrio fundamental: conhecimento e graça; mente e coração, verdade e experiência. O conhecimento sem a graça é uma arma terrível, e a graça sem o conhecimento pode ser extremamente superficial. Combinando os dois, porém, temos uma ferramenta maravilhosa para edificar outras vidas e a igreja. Devemos sempre manter o equilíbrio entre a adoração e o serviço, entre a fé e as obras.[159]

Pedro conclui sua epístola com uma doxologia: *A ele seja a glória, tanto agora como no dia eterno.* Jesus é o centro dessa carta e de toda a Bíblia. Jesus é o centro da história e da eternidade. Dele, por meio dele e para ele são todas as coisas. A glória vem dele e retorna para ele. Ele deve ser glorificado agora e pelos séculos sem fim.

Notas do capítulo 5

[136] KISTEMAKER, Simon. *Epístolas de Pedro e Judas*, p. 437.
[137] WIERSBE, Warren W. *Comentário bíblico expositivo.* Vol. 6, p. 596.
[138] WIERSBE, Warren W. *Comentário bíblico expositivo.* Vol. 6, p. 597.
[139] KISTEMAKER, Simon. *Epístolas de Pedro e Judas*, p. 434.
[140] WIERSBE, Warren W. *Comentário bíblico expositivo.* Vol. 6, p. 597.
[141] RICHARDS, Lawrence O. *Comentário histórico-cultural do Novo Testamento.* Rio de Janeiro: CPAD, 2012, p. 528.
[142] WIERSBE, Warren W. *Comentário bíblico expositivo.* Vol. 6, p. 598.
[143] KISTEMAKER, Simon. *Epístolas de Pedro e Judas*, p. 435.
[144] KISTEMAKER, Simon. *Epístolas de Pedro e Judas*, p. 436.
[145] RICHARDS, Lawrence O. *Comentário histórico-cultural do Novo Testamento*, p. 528.
[146] KISTEMAKER, Simon. *Epístolas de Pedro e Judas*, p. 439.
[147] KISTEMAKER, Simon. *Epístolas de Pedro e Judas*, p. 440.
[148] KISTEMAKER, Simon. *Epístolas de Pedro e Judas*, p. 441.
[149] WIERSBE, Warren W. *Comentário bíblico expositivo.* Vol. 6, p. 598.
[150] KISTEMAKER, Simon. *Epístolas de Pedro e Judas*, p. 444.
[151] WIERSBE, Warren W. *Comentário bíblico expositivo.* Vol. 6, p. 601.
[152] WIERSBE, Warren W. *Comentário bíblico expositivo.* Vol. 6, p. 601.
[153] WIERSBE, Warren W. *Comentário bíblico expositivo.* Vol. 6, p. 603.
[154] ALFORD, Henry. *Alford's Greek Testament: an exegetical and critical commentary.* Vol. 4. Grand Rapids, MI: Guardian, 1976, p. 418.
[155] KISTEMAKER, Simon. *Epístolas de Pedro e Judas*, p. 455.
[156] WIERSBE, Warren W. *Comentário bíblico expositivo.* Vol. 6, p. 605.
[157] RICHARDS, Lawrence O. *Comentário histórico-cultural do Novo Testamento*, p. 528,529.
[158] WIERSBE, Warren W. *Comentário bíblico expositivo.* Vol. 6, p. 606.
[159] WIERSBE, Warren W. *Comentário bíblico expositivo.* Vol. 6, p. 607.

Capítulo 6

A batalha pela fé evangélica
(Jd 1-25)

Introdução

JUDAS É UMA DAS MENORES epístolas do Novo Testamento. Não obstante sua mensagem breve, tem uma contundência veemente. À guisa de introdução, queremos destacar alguns pontos, antes de entrar na exposição da carta.

Primeiro, *o autor da carta*. Judas é irmão de Tiago e meio-irmão de Jesus (Mt 13.55; Mc 6.3). Exceto por essa epístola, não temos mais nenhuma informação sobre seu autor. João Calvino, porém, entende que o Tiago que escreveu a epístola não é o filho de Maria, mas o Tiago apóstolo, filho de Alfeu (Mc 3.18). Consequentemente, para Calvino, Judas era irmão do apóstolo Tiago, filho de Alfeu, e não o irmão de Tiago, filho de Maria.[160]

Judas não atribui a si mesmo apostolado. Faz referência aos apóstolos de Jesus Cristo (v. 17), mas ele mesmo não era apóstolo. Em síntese, o autor é por seu nome, Judas; por seu nascimento, irmão de Tiago; e, por seu chamado, servo de Jesus Cristo. O alvo de Judas era estar totalmente à disposição de Jesus Cristo, como seu servo. Vale lembrar a conhecida expressão de Agostinho de Hipona: "Quanto mais escravo de Cristo sou, mais livre me sinto". Michael Green afirma que um dos paradoxos do cristianismo é que em semelhante devoção alegre o homem acha a liberdade perfeita.[161]

Por que Judas se identifica como irmão de Tiago? Porque Tiago foi uma figura proeminente na igreja primitiva e se tornou uma das colunas da igreja de Jerusalém (Gl 2.9). Judas não tem nenhuma dificuldade em ocupar um lugar secundário ou em reconhecer a primazia de seu irmão. Tanto Judas como Tiago apresentaram-se como servos do Senhor Jesus Cristo, e não como irmãos de Jesus. Assim, eles se colocam no mesmo nível dos demais cristãos e demonstram que seu parentesco físico com Jesus não lhes dá privilégios especiais (Mt 12.46-50).[162] Sabemos, pelo relato de Paulo em 1Coríntios 9.5, que os irmãos do Senhor viajaram por diversos rincões do Império Romano a serviço do evangelho.

Segundo, *os destinatários da carta*. Judas não identifica os destinatários da carta por sua localização geográfica; apenas, descreve-os por sua posição espiritual: são chamados, amados e guardados por Jesus Cristo. Neste breve endereçamento, Judas reafirma as doutrinas da eleição incondicional, da vocação eficaz e da perseverança dos santos. Concordo com Kistemaker no sentido de que os destinatários da epístola tinham bom nível de conhecimento das Escrituras do Antigo Testamento, pois o autor os elogia por terem ciência de fatos relacionados ao êxodo (v. 5), a anjos (v. 6) e a Sodoma e Gomorra (v. 7). Conhecem o nome de Caim, Balaão e Coré (v. 11) e estão familiarizados com a literatura judaica do século 1 (v. 9,14). Supomos, portanto, que os destinatários são judeus convertidos à fé cristã.[163]

Terceiro, *a peculiaridade da carta*. A carta de Judas é muito parecida com a Segunda Epístola de Pedro. É provável que 2Pedro tenha sido ligeiramente anterior a Judas. O segundo capítulo de 2Pedro é extremamente similar a essa breve epístola do Novo Testamento. Simon Kistemaker diz, com acerto, que uma leitura mais atenciosa revela que nenhum dos dois autores copiou exatamente o material do outro.[164]

Quarto, *o propósito da carta*. Judas deixa claro que o seu principal propósito era alertar a igreja para o perigo da invasão dos falsos mestres. Os versículos 4 a 19 de Judas são uma advertência solene acerca da influência perniciosa dos falsos mestres, que sorrateiramente se infiltravam no meio do rebanho como lobos devoradores. Quem eram esses hereges? Judas os caracteriza de várias maneiras: 1) Introduziam-se secretamente no meio dos crentes (v. 4a); 2) Eram homens ímpios (v. 4b,14,15,18); 3) Aceitaram a graça de Deus, mas transformaram-na em libertinagem (v. 4c); 4) Negavam a Jesus Cristo como seu único Soberano e Senhor (v. 4d).[165] David Wheaton diz que, assim como nós, Judas viveu num tempo em que as pessoas transigiam com a verdade e consideravam todas as religiões igualmente válidas. Por essa razão, Judas faz uma convocação solene à igreja, mostra o perigo dos falsos mestres e seu desastroso destino (v. 5.-16), exorta a igreja a crescer na fé para com Deus e em sua expressão diante dos homens (v. 20,21), dá à igreja a garantia do propósito divino (v. 24) e convoca os crentes a não perderem oportunidades de evangelismo (v. 22,23).[166]

Quinto, *a teologia da carta*. Mesmo numa carta tão sucinta, Judas reafirma várias doutrinas essenciais da fé cristã, como: 1) vocação eficaz (v. 1), eleição incondicional (v. 1), perseverança dos santos (v. 1), salvação (v. 3), vida eterna (v. 21) e condenação dos ímpios (v. 4,6,7,11,15).

Sexto, *a canonicidade da carta*. O primeiro documento a se referir à epístola de Judas pelo nome é o Cânon Muratoriano (v. 175 d.C). No início do século 3, Clemente de Alexandria cita a epístola de Judas e menciona seu autor pelo nome. Eusébio, um século depois, escrevendo sua *História Eclesiástica* também se refere à carta de Judas. No final do século 4, Jerônimo reconhece a carta como canônica, embora destacando que muitas pessoas a tivessem rejeitado devido à citação de 1Enoque e à referência à assunção de Moisés. A partir do século 4, a igreja e seus concílios reconheceram a canonicidade da epístola de Judas.[167] João Calvino diz que, embora tenha havido grande disputa entre os antigos a respeito dessa epístola, sua leitura é muito útil, uma vez que não contém nada inconsistente com a pureza da doutrina apostólica.[168]

Propósito

Judas tinha a clara intenção de escrever uma exposição acerca da *nossa salvação comum* (v. 3), porém se sentiu constrangido em mudar seu alvo e publicar um tratado para advertir a igreja contra certos hereges que estavam infiltrados na comunidade cristã. Concordo com Michael Green quando ele diz que o pastor verdadeiro é também um vigilante (At 20.28-30; Ez 3.17-19), embora esta parte do seu dever seja negligenciada em nossa geração, pleiteando-se a tolerância.[169]

Judas, irmão de Jesus, escreveu essa carta para exortar a igreja. A palavra "exortar" que Judas empregou no versículo 3 era usada para descrever um general dando ordens a um exército. Warren Wiersbe diz que a carta tem um clima "militar", pois a epístola é uma convocação para a guerra.[170] Qual era a exortação primordial de Judas? Encorajar a igreja a batalhar pela fé evangélica (v. 3). Aquele era um tempo perigoso, no qual muitos falsos mestres sorrateiramente entravam dentro das igrejas e ensinavam heresias.

Judas era filho de Maria e José e irmão de Jesus (Mc 6.3). Durante o ministério de Jesus, Judas não creu nele (Jo 7.5). Porém, após sua ressurreição, estava entre os 120 que receberam o derramamento do Espírito Santo no Pentecoste (At 1.14). Os irmãos de Jesus eram conhecidos na igreja privimitiva (1Co 9.5).

Concordo plenamente com Delbert Rose quando ele diz que, do início ao fim, a epístola de Judas é cristocêntrica. Judas se baseia, como faziam todos os apóstolos, no único fundamento, *nosso Senhor Jesus Cristo* (v. 1,4,17,21,25). Culminando sua epístola na nota do *único Deus, Salvador nosso* (v. 25), ele deixa amplamente claro que é teísta cristão – Deus é *Um* em natureza, mas *Trino* em personalidade – Pai (v. 1), Jesus Cristo (v. 1,4) e Espírito Santo (v. 20). Judas sugere claramente que o "unico Deus" é Criador e Redentor, Legislador e Juiz de todo o universo. É o Deus da graça e da glória (v. 4,24), da misericórdia e da majestade

(v. 2,25), do amor e do julgamento (v. 2,6,15,21), da paz e do poder (v. 2,25), da salvação e da destruição (v. 3,5), do tempo e da eternidade (v. 4,25).[171]

Um chamado à batalha espiritual

Destacamos, alguns pontos importantes com referência a esse chamado.

Em primeiro lugar, *o arauto de Deus* (v. 1a). *Judas, servo de Jesus Cristo e irmão de Tiago...* O autor dessa epístola, como já destacamos, é o filho de Maria e José, cujos irmãos são mencionados nos Evangelhos: *Não é este o carpinteiro, filho de Maria, irmão de Tiago, José, Judas, e Simão? E não vivem aqui entre nós suas irmãs? E escandalizavam-se nele* (Mc 6.3). É por esse motivo que nem Judas nem Tiago se apresentaram como apóstolos, pois não faziam parte do grupo dos 12. Judas, humildemente, prefere apresentar-se como servo de Jesus Cristo, e não como seu irmão. Cita apenas o fato de ser irmão de Tiago, porque este ganhara proeminência na igreja apostólica, tornando-se o líder da igreja de Jerusalém.

A palavra grega *doulos* significa escravo. Naquele tempo, o Império Romano possuía cerca de 60 milhões de escravos. Um escravo é uma propriedade do seu senhor. Um escravo vive para agradar a seu senhor e fazer sua vontade. Werner de Boor diz que um "escravo" é um homem cujo corpo e vida, com todas as forças e capacidades produtivas, pertencem a outra pessoa, a seu senhor.[172] Esse termo também tinha um significado honroso, pois os grandes homens de Deus do passado como Abraão, Moisés e Davi foram chamados de servos de Deus. Concordo com Matthew Henry quando ele diz que é mais honrável ser um servo de Cristo sincero e útil que ser um rei terreno, independentemente do seu poder e prosperidade. Ainda, é uma honra maior ser servo fiel de Jesus Cristo que ser consanguíneo dele de acordo com a carne (Mt 12.48-50).[173]

Judas se apresenta como servo de Jesus Cristo, primeiro porque foi comprado e remido; depois, porque voluntariamente quer servi-lo. Essa verdade gloriosa nos remete a um fato ocorrido na Califórnia, na época da exploração do ouro. Um rico empresário cristão viu uma jovem negra sendo vendida como escrava. Ele ofereceu o maior lance e a comprou. Ao ficar a sós com ela para informar seu gesto, ela lhe cuspiu na face. O empresário não desistiu. Falou-lhe do alto preço que pagou, mas a jovem voltou a insultá-lo. O empresário então disse: Eu não paguei esse alto preço para que você se tornasse minha escrava, mas para libertá-la. Você está livre! A jovem, entendendo o que havia acontecido, prostrou-se aos pés do dono e disse: "Então, permita-me, a partir de hoje, servir-lhe voluntariamente como serva". **É assim que somos servos de Jesus Cristo. Ele nos resgatou da escravidão do pecado e agora somos servos livres para servi-lo e adorá-lo!**

Em segundo lugar, *o exército de Deus* (v. 1b,2). ... *aos chamados, amados em Deus Pai e guardados em Jesus Cristo, a misericórdia, a paz e o amor vos sejam multiplicados.* O destinatários de Judas não são identificados por sua localização geográfica, mas por sua posição espiritual. Os crentes são chamados, amados e guardados por Deus. Este grupo de três palavras acentua o fato da salvação ser obra exclusiva de Deus. É resultado de sua soberania, seu amor e seu poder, e seu escopo inicia na eternidade, caminha através do tempo e culmina na eternidade.[174]

Judas acentua duas verdades sobre os crentes. Judas usa três expressões para descrever os crentes: os "chamados", os "amados" e os "guardados". Essas expressões revelam o profundo compromisso do autor com as doutrinas da graça. Judas destaca três grandes doutrinas da graça: a eleição incondicional, a vocação eficaz e a perseverança dos santos. Aqueles a quem Deus conhece de antemão, os seus amados, a esses Deus chama eficazmente e dá-lhes segurança eterna. A Trindade está comprometida nessa gloriosa obra da nossa redenção: o Pai elege, o Espírito Santo chama e o Filho dá segurança. Vamos analisar essas três verdades magnas da fé cristã.

Primeiro, *os chamados* (v. 1). Os crentes a quem Judas se dirige foram tirados da morte para a vida, das trevas para a luz, da escravidão para a liberdade. Foram escolhidos soberanamente por Deus e chamados eficazmente por sua graça. O mesmo Deus que nos predestinou, este também nos chamou. A Palavra de Deus nos fala sobre dois chamados, um geral e outro específico; um externo e outro interno; um dirigido aos ouvidos e o outro ao coração. Todos aqueles a quem Deus conhece de antemão e predestina, a esses também chama (Rm 8.29,30). O chamado de Deus é eficaz, pois as ovelhas de Cristo ouvem a sua voz e o seguem (Jo 10.27).

Segundo, *os amados* (v. 1). O amor de Deus é incondicional e eterno. Deus nos amou desde a eternidade porque ele é amor. Nosso amor por Deus é apenas um reflexo do amor de Deus por nós. Deus nos amou primeiro. Ele nos amou não porque viu em nós virtudes, mas a despeito de sermos pecadores. Ele nos amou não por causa dos nossos méritos, mas a despeito dos nossos deméritos.

Terceiro, *os guardados* (v. 1). Enquanto Deus preserva os anjos caídos (v. 6) e os falsos mestres (v. 13) para condenação, ele preserva os crentes para a glória (v. 1).[175] Pedro anuncia aqui a doutrina da perseverança dos santos e a doutrina da condenação dos réprobos. Ao mesmo tempo que Deus julga aqueles que abandonam a verdade, ele salva aqueles que perseveram na verdade. Os apóstatas podem pecar, cair e sofrer condenação, mas os verdadeiros crentes são guardados em segurança, em Cristo, por toda a eternidade. Concordo com Warren Wiersbe quando ele diz que um apóstata não é um cristão verdadeiro que abandonou a salvação. Antes, é uma pessoa que declara ter aceitado a verdade e a salvação em Jesus Cristo, mas que se desviou da *fé que uma vez por todas foi entregue aos santos* (v. 3). Os apóstatas não eram ovelhas de Deus, mas sim porcos e cães (2Pe 2.21,22). O porco foi limpo por fora, e o cão foi limpo por dentro, mas nenhum deles recebeu a nova natureza que caracteriza os verdadeiros filhos de Deus (2Pe 1.3,4).[176]

O que os crentes têm. Novamente Judas usa três expressões para descrever as bênçãos que os crentes possuem e que podem ser multiplicadas: a "misericórdia", a "paz" e o "amor". Matthew Henry diz que a misericórdia é a fonte de todo bem que possuímos e de toda esperança porvir. Conectada à misericórdia está a paz, que é a consciência de que obtivemos misericórdia. Como da misericórdia flui a paz, da paz também flui o amor, ou seja, seu amor por nós, nosso amor por ele e nosso amor fraternal uns para com os outros.[177] Vamos examinar essas três expressões:

a. *A misericórdia* (v. 2). Deus, em sua misericórdia, não nos dá o que merecemos, visto que lançou sobre o seu Filho o castigo que merecíamos. *Certamente, ele tomou sobre si as nossas enfermidades e as nossas dores levou sobre si* [...]. *Mas ele foi traspassado pelas nossas transgressões e moído pelas nossas iniquidades* (Is 53.4,5). Vamos ilustrar isso. Um criminoso deveria pagar por seu delito. Isso é justo. Mas, em vez de aplicar essa pena justa ao injusto, Deus transfere sua culpa para aquele que é Justo e condena no Justo a pena do injusto; o Justo morre em favor do injusto para Deus usar de misericórdia com o injusto. Deus é rico em misericórdia por isso, estando nós mortos em nossos delitos e pecados, fomos salvos por sua graça (Ef 2.4-9).

b. *A paz* (v. 2). Uma pessoa não convertida está em guerra contra Deus. Todos nós estávamos longe de Deus, éramos inimigos dele e filhos da ira, mas, por causa da obra de Cristo na cruz, fomos reconciliados com Deus e temos paz com Deus. Porque fomos alvos da misericórdia de Deus, temos paz com Deus. Porque Deus não colocou em nossa conta o castigo que merecíamos, mas o aplicou a seu próprio Filho, podemos ser reconciliados com Deus, pois Jesus satisfez na cruz toda a demanda da lei e cumpriu toda a justiça. Assim, Deus pode ser justo e o jutificador do que tem fé. Agora, deixamos de ser réus para sermos filhos. Agora a barreira que nos separava de Deus foi removida. Agora temos livre acesso à sua presença. Jesus é esse novo e vivo caminho para Deus. Então, temos paz com Deus.

c. *O amor* (v. 2). A cruz é a demonstração do amor de Deus. A prova maior do amor de Deus é que Cristo morreu por nós, sendo nós ainda pecadores (Rm 5.8). Werner de Boor pergunta se, diante da menção do *amor*, a intenção de Judas era destacar o amor de Deus por nós, ou se a referência é ao nosso amor pelo Senhor e entre nós. No modo de pensar do Novo Testamento, os dois estão estreitamente ligados. O amor sempre é indivisível! O amor a Deus não é real sem o amor ao irmão; este, porém, nem mesmo é possível sem o amor a Deus.[178]

Em terceiro lugar, *o alerta para a batalha* (v. 3). *Amados, quando empregava toda a diligência em escrever-vos acerca da nossa comum salvação, foi que me senti obrigado a corresponder-me convosco, exortando-vos a batalhardes, diligentemente, pela fé que uma vez por todas foi entregue aos santos.* Os crentes são os amados de Deus e são amados também por Judas. Diante da ameaça iminente dos falsos mestres, Judas apressa-se a escrever para a igreja sobre a salvação concedida por Deus ao povo. Concordo com Werner de Boor quando ele diz que não é pela salvação que a igreja tem de lutar. A salvação foi conquistada pelo Filho de Deus quando, ao morrer, fez soar seu grito de vitória: *Está consumado.* Contudo, trata-se da mensagem da salvação e de sua vigência, *da fé que uma vez por todas foi entregue aos santos.*[179] Michael Green explica que, para Judas, a salvação não significava apenas o livramento do passado (v. 5), mas também a experiência presente (v. 23,24) e o futuro desfrutamento da glória de Deus (v. 25).[180]

O propósito de Judas é exortar os crentes a entrar numa peleja renhida contra a mentira, contra as falsas doutrinas, contra os falsos mestres, empregando nessa batalha toda sua atenção e todas as suas armas. O termo grego *batalhar* faz parte do vocabulário esportivo e dá origem à palavra *agonizar*. É um retrato do atleta dedicado competindo nos jogos gregos e esticando nervos e tendões, a fim de dar o melhor de si e vencer.[181]

O alvo dessa batalha é a fé entregue aos santos. Essa fé é o conteúdo final da verdade. Essa fé foi entregue de uma vez por todas, de forma final. Não há outra revelação a ser recebida. Judas não deixa espaços para "inovações", tal como os *homens ímpios* (v. 4) estavam introduzindo. A revelação de Deus é final. Possui validade perpétua e nunca mais precisa ser repetida.[182] O apóstolo Paulo deixou essa mesma verdade meridianamente clara (Gl 1.8,9,11,12; 2Tm 1.13; 2.2). Os princípios da verdade e da vida cristã não eram uma moda passageira, mas permanentes e irrevogáveis.[183]

Warren Wiersbe tem razão em dizer que, nesse contexto, a fé é o conjunto de doutrinas dadas por Deus à igreja por intermédio dos apóstolos.[184] Henry Alford, nessa mesma linha de pensamento, escreve: "A fé aqui significa o resumo daquilo que os cristãos creem: fé que é crida, não por meio da qual cremos".[185] Fazendo coro a essas posições retromencionadas, Kistemaker diz que devemos entender a palavra "fé" como sendo o conjunto de crenças do cristianismo. É o evangelho proclamado pelos apóstolos e, portanto, equivale à doutrina dos apóstolos (At 2.42). Não é a confiança ou a segurança que o crente, como indivíduo tem em Deus, pois essa é a fé subjetiva. Nessa passagem, Judas fala sobre a doutrina cristã, ou seja, da fé objetiva.[186]

Em quarto lugar, *o inimigo* (v. 4). *Pois certos indivíduos se introduziram com dissimulação, os quais, desde muito, foram antecipadamente pronunciados para esta condenação, homens ímpios, que transformam em libertinagem a graça de nosso Deus e negam o nosso único Soberano e Senhor, Jesus Cristo.* Tanto Jesus quanto seus apóstolos advertiram que esses falsos mestres surgiriam e, no entanto, algumas igrejas não deram ouvidos. Infelizmente, algumas igrejas continuam surdas para essas advertências hoje.[187]

Judas escreve para alertar a igreja sobre a batalha da fé, visto que a igreja estava sendo minada por falsos mestres (v. 3). Delbert Rose diz que dois males notórios, intimamente ligados, incomodavam a igreja no final dos tempos apostólicos e pós-apostólicos: 1) antinomismo; 2) gnosticismo. Judas escreve tendo em mente esses dois erros – pelo menos na sua forma primária. Os antinomistas afirmavam que a graça os libertara da lei moral. Esses heréticos transformavam a graça de Deus em uma desculpa para cometer todo tipo de imoralidade (v. 4,18,19). Os gnósticos afirmavam que a salvação era alcançada pelo conhecimento, e não pela fé salvadora em Jesus Cristo. Defendiam a posição dualista do universo, composta de matéria má e espírito bom. Assim, o gnosticismo não aceitava as doutrinas da criação, encarnação e ressurreição.[188] Seguindo a linha gnóstica de pensar, esses falsos mestres criam que seus corpos eram essencialmente maus, por isso não era importante o que uma pessoa fazia em relação a seus apetites, desejos e paixões. Também criam que a graça de Deus era suficiente para cancelar, limpar e cobrir todo pecado. Por que se preocupar com o pecado, uma vez que a graça é maior do que todo o pecado? Em resumo, a preciosa graça de Deus estava sendo pervertida para justificar o pecado.[189]

A doutrina falsa é um veneno mortal a ser identificado, rotulado e evitado a todo o custo. É conhecida a afirmação de Charles Spurgeon: "Não consigo suportar as doutrinas falsas, por mais primorosa que seja sua apresentação. Você comeria carne envenenada só porque lhe é servida em um prato de porcelana finíssima?".

Judas agora identifica o inimigo nessa batalha, os apóstatas, e traça suas características.

Eles são dissimulados (v 4a). O termo grego significa "insinuar-se secretamente, infiltrar-se disfarçamente".[190] Os falsos mestres entram na igreja porque os crentes dormem (Mt 13.25,38). Eles tanto podem vir de fora como podem surgir de dentro da igreja (At 20.29,30). Os falsos mestres têm um verniz de seriedade. Aparentemente, estão interessados no bem-estar das ovelhas. São lobos travestidos de ovelhas. Eles não se declaram hereges. Não negam inicialmente a verdade. Introduzem-se no meio do rebanho como os iluminados que alcançaram um nível mais profundo da verdade e estão dispostos a ajudar os demais a alcançar esse mesmo nível.

Eles são ímpios (v. 4b). Os falsos mestres alegam pertencer a Deus, mas são ímpios na forma de pensar e agir (2Tm 3.5). Falam em nome de Deus, mas apartam as pessoas de Deus. O discurso deles está desconectado da vida. São atores que desevolvem um papel no palco. Usam um disfarce para esconder sua verdadeira identidade. Não levam Deus a sério.

Eles são inimigos da graça de Deus (v. 4c). Os falsos mestres entram na igreja para mudar a doutrina. Querem encontrar base doutrinária para justificar sua conduta libertina. Prometem liberdade, quando eles mesmos são escravos (2Pe 2.13,14). É muito comum um indivíduo criar um sistema doutrinário para justificar seus atos reprováveis. Em vez de entrar pelas portas do arrependimento, preferem criar um caminho sinuoso de heresia.

Eles negam a supremacia de Jesus Cristo (v. 4d). Os falsos mestres podiam até afirmar que Jesus era um grande mestre, mas não o verdadeiro e soberano Deus e Senhor. Os falsos mestres desconstroem os pilares do cristianismo. Solapam os fundamentos da fé. Negam o soberano Senhor da igreja e rebelam-se contra aquele que é digno de honra, glória e louvor.

Eles são destinados à *condenação* (v. 4b). O texto não está dizendo que os falsos mestres foram destinados à apostasia, como se Deus fosse responsável por seus pecados. Por se tornarem apóstatas, é que Deus os destinou à condenação. Como a igreja enfrentará os falsos mestres? Batalhando pela fé, ou seja, pela verdadeira doutrina. O púlpito deve tanto proclamar a verdade como denunciar o erro.

Em quinto lugar, *a vitória na batalha* (v. 5-7). Judas oferece três exemplos do juízo de Deus sobre aqueles que resistiram à sua autoridade e se apartaram da verdade. Judas está dizendo que Deus julga os ímpios, os apóstatas e os falsos mestres. Os israelitas incrédulos foram enterrados no deserto (v. 5), os anjos infiéis estão presos na concuridão das trevas (v. 6) e as cidades ímpias foram queimadas pelo fogo (v. 7). Vejamos cada um desses exemplos:

• *O exemplo de Israel* (v. 5). *Quero, pois, lembrar-vos, embora já estejais cientes de tudo uma vez por todas, que o Senhor, tendo libertado um povo, tirando-o da terra do Egito, destruiu, depois, os que não creram.* A incredulidade é um caminho de desastre. O final da linha para os incrédulos é a própria destruição. Os pecados de Israel foram registrados para nos alertar (1Co 10.11). Aqueles que se apartaram da verdade pereceram no deserto. O deserto tornou-se o maior cemitério da história. Cerca de 2 milhões de pessoas foram enterradas nas areias daquele tórrido deserto. A causa dessa tragédia foi a rebeldia daquele povo. O salário do pecado é a morte. Deus não tomará por inocente o culpado. Aqueles que abandonam a verdade e enveredam-se pelas sendas sinuosas do pecado terão de enfrentar, de igual forma, o reto e justo juízo de Deus.

• *O exemplo dos anjos caídos* (v. 6). *E a anjos, os que não guardaram o seu estado original, mas abandonaram o seu próprio domicílio, ele tem guardado sob trevas, em algemas eternas, para o juízo do grande Dia.* Deus exerceu o seu juízo sobre os anjos caídos e os condenou ao inferno (2Pe 2.4). Deus não poupou os anjos, quando estes se rebelaram. Não se pode zombar de Deus e escapar. Não se pode insurgir contra o Todo-poderoso e ficar impune. Homens e anjos sofreram o juízo divino. Este é um alerta solene para os falsos mestres e todos aqueles que se desviam da verdade.

Na opinião de muitos comentaristas, os anjos deixaram sua posição de autoridade e vieram para a terra a fim de se casarem com mulheres (Gn 6.2), ou seja, na ocasião em que os anjos ("filhos de Deus") se casaram com as "filhas dos homens", eles geraram gigantes e corromperam a terra (Gn 6.4).[191] Discordamos dessa interpretação. Os anjos não são uma raça que se procria como a raça humana. Os anjos são espíritos e não têm corpo. A quantidade de anjos criados é a mesma que existe hoje. Os anjos são assexuados, por isso não se casam nem se dão em casamento (Mt 22.30). Os filhos de Deus são uma referência à descendência piedosa de Sete, e as filhas dos homens, uma alusão à descendência corrompida de Caim.

A interpretação de anjos se casando com mulheres vem do livro apócrito *1Enoque*. Esse livro descreve como os anjos caídos cobiçaram as lindas filhas dos homens, desceram ao monte Hermom e cometeram adultério com elas. Esses anjos caídos foram assim responsáveis pela geração de filhos, os nefilins, que foram os gigantes da terra (Gn 6.4), e pela multiplicação do mal no mundo. Como resultado, Deus destruiu o mundo com o dilúvio nos dias de Noé. O fato de citar 1Enoque, porém, não significa que Judas esteja apoiando essa ideia.[192]

- *O exemplo de Sodoma e Gomorra* (v. 7). *Como Sodoma, e Gomorra, e as cidades circunvizinhas, que, havendo-se entregado à prostituição como aqueles, seguindo após outra carne, são postas para exemplo do fogo eterno, sofrendo punição*. Os sodomitas entregaram-se à prostituição e ao homossexualismo, e Deus os condenou ao fogo eterno. Aquelas cidades impenintes escarneceram da virtude. Fizeram troça dos valores morais absolutos. Entregaram-se desbragadamente à prostituição e ao homossexualismo. O resultado foi a destruição inexorável. O fogo do céu varreu aquelas duas cidades do mapa bem como outras cidades vizinhas. Elas foram completamente arruinadas pelo próprio Deus.

O pecado de Israel foi a incredulidade. O pecado dos anjos foi a rebelião contra a autoridade de Deus, e o pecado de Sodoma foi a indecência moral. Do mesmo modo que Deus julgou os anjos, os estrangeiros e Israel, ele julgará os falsos mestres. Ninguém poderá rebelar-se contra a autoridade de Deus e prevalecer.

Desmascarando o inimigo, os apóstatas

Judas agora volta sua atenção para os falsos mestres do presente, e evidencia que eles estão seguindo um caminho perigoso e escorregadio. Tudo o que Judas escreveu sobre os apóstatas nesse parágrafo pode ser sintetizado em três sentenças: eles rejeitaram a autoridade divina, recorreram a uma deliberada hipocrisia e receberam sua devida puniçao. Vejamos com maiores detalhes cada uma:

Em primeiro lugar, *eles rejeitaram a autoridade divina* (v. 8-11). Toda a autoridade vem de Deus. Aqueles que exercem autoridade devem também estar debaixo de autoridade. Os apóstatas se colocavam acima das Escrituras e dos apóstolos (v. 8). Hoje, muitos líderes se autodenominam apóstolos para justificar suas doutrinas e sua conduta. Tais líderes têm em comum com os falsos mestres da carta de Judas a insubmissão. Vejamos como essa insubmissão se apresenta:

a. *A insubmissão afrontosa dos falsos mestres* (v. 8). *Ora, estes, da mesma sorte, quais sonhadores alucinados, não só contaminam a carne, como também rejeitam governo e difamam autoridades superiores.* Os falsos mestres, além de contaminarem a carne, ou seja, viverem de forma imoral, eram também insubmissos às autoridades. Os falsos mestres são sonhoradores alucinados. Vivem num mundo irreal e ilusório. Creem na mentira de Satanás (Gn 3.5). Tornam-se como animais que vivem guiados pelo instinto (v. 10 e 2Pe 2.12,22). Entregam-se à luxúria (v. 8) e falam para demonstrar sua rebelião contra Deus (v. 8c,10; Sl 73.9,11).

Warren Wiersbe observa que a palavra "difamam", em Judas 8 e 10, tem o mesmo sentido de "blasfêmia". A blasfêmia vai muito além de tomar o nome de Deus em vão, apesar de ser essa a sua essência. Uma pessoa blasfema de Deus quando toma sua Palavra levianamente e até zomba dela, ou quando desafia a Deus deliberadamente ao julgar a sua Palavra (Sl 73.9,11).[193]

Toda autoridade – seja do lar, da igreja ou do Estado – procede de Deus. Os que exercem autoridade devem, antes de tudo, estar sujeitos à autoridade. Mas os falsos mestres rejeitam a doutrina de Deus e se estabelecem como autoridade de si mesmos.[194]

Kistemaker destaca os atos desses homens ímpios, usando três verbos: contaminar, rejeitar e maldizer (v. 8). O pecado de contaminação está ligado aos atos homossexuais mencionados no versículo 7; o pecado de rejeição é semelhante ao da rebelião dos anjos (v. 6); e o pecado de difamação é equivalente à incredulidade dos israelitas no deserto (v. 5).[195]

b. *Uma insubmissão indesculpável dos falsos mestres* (v. 9). *Contudo, o arcanjo Miguel, quando contendia com o diabo e disputava a respeito do corpo de Moisés, não se atreveu a proferir juízo infamatório contra ele; pelo contrário, disse: O Senhor te repreenda!* Judas, aqui, baseia-se em informações procedentes do livro apócrifo do Testamento de Moisés ou na obra relacionada conhecida como Assunção de Moisés.[196] Na profecia de Daniel, o nome *Miguel* pertence ao anjo que é *um dos primeiros príncipes* (Dn 10.13) e *o grande príncipe, o defensor* do povo de Israel (Dn 12.1).

Ele combate e vence os demônios enviados por Satanás para influenciar os governantes da Pérsia e da Grécia (Dn 10.13,20). O termo *príncipe* equivale à palavra *arcanjo*.[197]

Se o próprio arcanjo não proferiu juízo infamatório contra o diabo, entregando essa causa a Deus, como esses insubordinados tinham a audácia de se insurgir contra a autoridade de Deus e de seus apóstolos? Se um arcanjo usa de cautela ao lidar com o diabo, precisamos ser muito mais cuidadosos! Satanás é um inimigo perigoso, e devemos ser sóbrios e vigilantes ao resistir a ele (1Pe 5.8,9).[198] A ideia essencial de Judas é que, se o maior de todos os anjos bons se recusou a falar mal do maior de todos os anjos maus, mesmo em uma circunstância como essa, devemos nós ser muito mais cautelosos acerca do nosso juízo com relação a outras pessoas.

c. *Uma insubmissão desenfreada dos falsos profetas* (v. 10). *Estes, porém, quanto a tudo o que não entendem, difamam; e, quanto a tudo o que compreendem por instinto natural, como brutos sem razão, até nessas coisas se corrompem*. Os falsos mestres difamam o que não entendem e se corrompem naquilo que conhecem. Tornam-se como bestas feras, governados por instintos, e não pelo entendimento.

d. *A condenação dos rebeldes é inevitável* (v. 11). *Ai deles! Porque prosseguiram pelo caminho de Caim, e, movidos de ganância, se precipitaram no erro de Balaão, e pereceram na revolta de Coré*. Caim se rebelou contra a autoridade de Deus na questão da salvação, Balaão na questão da separação e Coré na questão do serviço.[199] Judas aborda esses três pontos.

Primeiro, *o caminho de Caim*. Caim rebelou-se contra o caminho de Deus para a salvação (1Jo 3.11,12). Rejeitou o caminho da salvação pela graça. Queria agradar a Deus sem fé. O caminho de Caim é o caminho do orgulho e da justiça própria. Caim aprendeu com os seus pais sobre a necessidade de adorar a Deus. Ele e Abel, seu irmão, receberam as mesmas instruções. Foram criados debaixo dos mesmos princípios e valores. Ouviram as mesmas histórias e aprenderam as mesmas coisas sobre o culto que agrada a Deus. Mas o coração de Caim não era reto diante de Deus. Ele não se sujeitou aos princípios de Deus. Não se colocou debaixo da autoridade da Palavra de Deus. Quis fazer as coisas de Deus do seu jeito. Quis mostrar sua própria justiça em vez de aceitar a justiça que vem de Deus. Vamos considerar esse caminho de Caim:

• *Caim tentou prestar um culto a Deus sem observar os princípios de Deus sobre o culto.* Desde os primórdios da história humana, Deus ensinou o princípio de que não há remissão de pecados sem derramamento de sangue (Hb 9.22). Quando Adão e Eva pecaram no Éden, Deus os cobriu com peles de animais. *Fez o Senhor Deus vestimentas de peles para Adão e sua mulher e os vestiu* (Gn 3.21). Para cobrir a nudez de Adão e Eva, um animal foi sacrificado e o sangue foi derramado. Toda pessoa que se chegava a Deus para adorar precisava aproximar-se por meio do sangue. Não que o sangue de ovelhas e bodes pudesse purificar o coração do homem, mas o sangue desses animais apontava para o sacrifício perfeito de Cristo na cruz (Rm 3.24-26). Todos os sacrifícios e holocaustos apontavam para o Cordeiro de Deus que tira o pecado do mundo (Jo 1.29). Quando Caim levou a Deus um sacrifício incruento, estava desprezando o caminho de Deus, a Palavra de Deus, as normas do culto divino. Queria abrir para Deus um caminho pelos seus próprios esforços, o caminho das obras, dos seus próprios feitos. O caminho de Caim é o caminho do humanismo idolátrico, das obras de justiça divorciadas da graça, da autopromoção. Esse era, também, o caminho dos falsos mestres.

• *Caim tentou prestar um culto a Deus sem examinar o próprio coração.* O apóstolo João afirma que Caim era do Maligno (1Jo 3.12). Ele queria cultuar a Deus sem pertencer a Deus. Queria enganar a Deus com a sua oferta, enquanto ele mesmo pertencia ao Maligno. Caim pensou que pudesse separar o culto de vida. Pensou que Deus estivesse buscando adoração, e não adoradores. Deus não se agrada de rituais divorciados de vida. Culto sem vida é abominação aos olhos de Deus (Is 1.13,14; Am 5.21-23; Ml 1.10). Os falsos mestres, de igual forma, levavam uma vida repreensível.

• *Caim tentou prestar um culto a Deus com o coração cheio de ódio e inveja do seu irmão Abel.* O apóstolo João ainda nos diz que *Caim era do Maligno e assassinou a seu irmão; e por que o assassinou? Porque as suas obras eram más, e as de seu irmão, justas* (1Jo 3.12). De nada adianta levarmos ofertas a Deus se o nosso coração é um poço de inveja e ódio. A nossa relação com Deus não pode estar certa se a nossa relação com os irmãos está quebrada. Antes de levar a nossa oferta ao altar, precisamos nos reconciliar com os nossos irmãos (Mt 5.23,24). Deus não aceita as nossas ofertas se o nosso coração não estiver reto diante dele e se houver mágoas no nosso coração. Antes de Deus aceitar a nossa oferta, precisa aceitar a nossa vida. Não podemos separar o culto da vida. As nossas músicas serão apenas um barulho aos ouvidos de Deus se a nossa vida não estiver em sintonia com a vontade de Deus (Am 5.23). Deus rejeitará as ofertas de nossas mãos, se não o honrarmos com a nossa vida e com as nossas atitudes (Ml 1.10). As obras de Caim eram más, porque o seu coração era mau. Ele era do Maligno. Não conhecia a Deus nem cultuava a Deus, mas cultuava a si mesmo. Ele afrontava a Deus oferecendo uma oferta errada, da forma errada, com a motivação errada. Queria enganar a Deus e ganhar o *status* de adorador quando não passava de filho do Maligno.

Mas o apóstolo João nos informa, ainda, que a raiz do problema de Caim era a inveja. Em vez de imitar o irmão, ele se desgostou em ver Deus aceitando a oferta do irmão. Em vez de aprender com o irmão, ele quis eliminar o irmão. A inveja de Caim levou-o a tapar os olhos e os ouvidos para o aprendizado. Ele se endureceu no seu caminho de rebeldia. Não apenas sentiu inveja, mas consumou o seu pecado, levando o irmão à morte. Ele não apenas odiou o irmão, mas o fez de forma sórdida. Odiou-o não pelo mal que praticara, mas pelo bem; não por seus erros, mas por suas virtudes. A luz de Abel cegou Caim. As virtudes de Abel embruteceram Caim. A vida de Abel gestou a morte no coração de Caim. O culto de Caim, longe de aproximá-lo de Deus, afastou-o ainda mais. O seu culto não passava de um arremedo, de uma máscara grotesca para esconder o seu coração invejoso, vaidoso e cheio de justiça própria. Assim também eram os falsos mestres, homens cheios de inveja e pecado.

- *Caim rejeitou a exortação de Deus.* Caim não apenas estava errado, mas também não queria se corrigir. Assim dizem as Escrituras:

Aconteceu que no fim de uns tempos trouxe Caim do fruto da terra uma oferta ao Senhor. Abel, por sua vez, trouxe das primícias do seu rebanho e da gordura deste. Agradou-se o Senhor de Abel e de sua oferta; ao passo que de Caim e de sua oferta não se agradou. Irou-se, pois, sobremaneira Caim, e descaiu-lhe o semblante. Então, lhe disse o Senhor: Por que andas irado, e por que descaiu o teu semblante? Se procederes bem, não é certo que serás aceito? Se, todavia, procederes mal, eis que o pecado jaz à porta; o seu desejo será contra ti, mas a ti cumpre dominá-lo (Gn 4.3-7).

Caim não foi escorraçado por Deus ao trazer a oferta errada, com a vida errada e com a motivação errada. Deus o exortou. Deus lhe deu a oportunidade de mudar de vida. Caim teve a chance de se corrigir. Mas ele era muito orgulhoso para admitir os próprios erros. A máscara da justiça própria estava muito bem afivelada e engessada para ser arrancada. Ele preferiu o caminho da rebeldia e da desobediência. Longe de se arrepender e tomar novo rumo, Caim deu mais um passo na direção do pecado. Em vez de virar as costas para o pecado, virou as costas para Deus. Esse era o caminho dos falsos mestres!

Segundo, *o erro de Balaão.* O erro de Balaão foi a ganância de comercializar o dom de Deus e o próprio ministério com o propósito de ganhar dinheiro (2Pe 2.15,16). É reprovável usar o espiritual para obter lucro material. Os falsos mestres trabalham na igreja para ganhar dinheiro (1Ts 2.5,6; 1Tm 6.3-21). Balaão induziu o povo de Deus a pecar por causa do amor ao lucro iníquo. A Palavra de Deus deixa claro que Balaão procurou corromper os israelitas ao tentá-los à imoralidade sexual e à adoração de ídolos (Nm 31.16). Quando Jesus envia a carta à igreja de Pérgamo, diz: *Tens aí os que sustentam a doutrina de Balaão, o qual ensinava a Balaque a armar ciladas diante dos filhos de Israel para comerem coisas sacrificadas aos ídolos e praticarem a prostituição* (Ap 2.14). Concordo com Kistemaker quando ele diz que Balaão não amava a Deus nem a seu povo, mas ao dinheiro, e, por ter amado ao dinheiro, ele vendeu Israel ao rei de Moabe. Por isso, Pedro revela que Balaão "amou o prêmio da injustiça". Assim como Balaão procurou destruir Israel, os ímpios desejam fazer cair o povo de Deus.[200] Hoje, muitos obreiros inescrupulosos mudam a mensagem para atrair os incautos. A motivação desses falsos obreiros é o lucro. Eles exploram o povo e lhe arrancam o último centavo. Não se importam se as pessoas vivem na miséria, desde que eles mesmos estejam vivendo na riqueza.

Terceiro, *a revolta de Coré*. Coré se rebelou contra a autoridade de Moisés e consequentemente contra a autoridade de Deus concedida a Moisés. Deus o julgou. A história de Coré é relatada em Números 16. Porque Coré e seus seguidores não estavam satisfeitos com a liderança de Moisés, cometeram o erro de rejeitar sua liderança. Com isso, rebelaram-se contra o próprio Deus. O erro de negar que Moisés era o escolhido de Deus e tentar usurpar sua autoridade foi punido por Deus. O argumento de Coré, Datã e Abirão e mais 250 homens tinha um tom espiritual. Eles disseram: *Basta! Pois que toda a congregação é santa, cada um deles é santo, e o Senhor está no meio deles; por que, pois, vos exaltais sobre a congregação do Senhor?* (Nm 16.3). Coré questionou a origem da autoridade de Moisés. Estava dizendo que Moisés promovia a si mesmo se exaltando sobre os demais membros da congregação. Moisés, porém, respondeu aos rebeldes que tanto Coré como todo o seu grupo estavam contra o Senhor (Nm 16.11). O resultado dessa rebelião é registrado com cores fortes:

E aconteceu que, acabando ele [Moisés] de falar [...], a terra debaixo deles se fendeu, abriu a sua boca e os tragou com as suas casas, como também todos os homens que pertenciam a Coré e todos os seus bens. Eles e todos os que lhes pertenciam desceram vivos ao abismo; a terra os cobriu, e pereceram do meio da congregação (Nm 16.31-33).

Os falsos mestres também se rebelaram contra a autoridade dos apóstolos e se insurgiram contra eles. Infiltraram no meio do rebanho de Deus para causar confusão e disseminar suas heresias.

Em segundo lugar, *eles recorreram a uma deliberada hipocrisia* (v.12,13,16). Judas apresenta seis figuras fortes para descrever a hipocrisia dos falsos mestres. Vamos examinar cada uma.

1. Rochas submersas nas festas de fraternidade (v. 12a). *Estes homens são como rochas submersas, em vossas festas de fraternidade, banqueteando-se juntos sem qualquer recato...* Os falsos mestres se infiltram no meio da igreja para provocar acidentes e naufrágios espirituais. Alguns se tornam membros da igreja. Recebem o batismo e chegam a participar da Ceia do Senhor. Parecem verdadeiros irmãos. Desfrutam da comunhão dos remidos e os têm por companhia. Porém, esses lobos disfarçados de ovelhas são como *icebergs* que provocam terríveis acidentes. Um exemplo vívido desse perigo é o acidente do Titanic. Totem da ousadia humana, orgulho da engenharia náutica, colosso de 269 metros de comprimento e 46 mil toneladas, esse navio parecia inexpugnável. Porém, ao colidir com um *iceberg*, nas últimas horas do dia 14 de abril de 1912, o navio afundou e ceifou a vida de mais de 1.500 pessoas nas águas geladas do Atlântico Norte. Assim, são os falsos mestres. Quem embarca em suas doutrinas aparentemente seguras, faz uma viagem rumo ao desastre.

2. Pastores que se auto-pascentam (v. 12b). ... *pastores que a si mesmos se apascentam...* Em vez de cuidar dos falsos mestres usam e abusam do povo (2Co 11.20;

Ez 34.2). Eles são exploradores do rebanho, não pastores do rebanho. Estão atrás dos bens dos fiéis, e não de seu bem-estar espiritual. O vetor que dirige seus interesses não é o ensino da verdade, mas o lucro financeiro. Não hesitam em substituir a verdade pela mentira, desde que alcancem benefícios financeiros. Mercadejam a Palavra em vez de pregar com fidelidade a Palavra. Fazem da igreja uma empresa, do púlpito um balcão, do evangelho um produto, e dos crentes consumidores. A ganância insaciável é o oxigênio que os mantêm ativos nesse ministério de morte. Paulo denuncia essa atitude dos falsos mestres e a tolerância da igreja em relação a eles: *Tolerais quem vos escravize, quem vos devore, quem vos detenha, quem se exalte, quem vos esbofeteie o rosto* (2Co 11.20).

As próximas figuras usadas por Judas, descrevem os falsos mestres com quatro metáforas tiradas da natureza: do ar, da terra, do mar e do céu. Ele fala em nuvens sem água que simbolizam o engano; árvores frutíferas mortas que simbolizam a inutilidade; ondas espumantes que mostram o desgoverno; e estrelas errantes; que retraram a desobediência.[201]

3. Nuvens sem água (v. 12c). *... nuvens sem água impelidas pelos ventos...* Nuvens que prometem chuva, mas desapontam. Os apóstatas parecem trazer ajuda espiritual para as pessoas, mas fracassam. prometem liberdade, mas são escravos (2Pe 2.19). Eles não têm a doutrina (Dt 32.2; Is 55.10), por isso são nuvens sem água. Uma nuvem sem água é uma grande decepção (Pv 25.14). Os agricultores que semeiam os campos precisam das chuvas para que a semente brote e produza frutos. Quando as nuvens se formam no horizonte, os agricultores se enchem de esperança. Eles dependem dessas chuvas para que o seu trabalho não

seja desperdiçado e suas esperanças não sejam frustradas. Porém, quando as nuvens se dissipam com o vento e se dispersam deixando para trás a terra seca, os agricultores sofrem duro golpe e amargas perdas. Assim são as falsas doutrinas. Elas se mostram inicialmente empolgantes. São nuvens de promessa e nuvens de esperança. Mas essas nuvens se revelam uma mentira. Essas nuvens não têm água nem trazem vida. Essas nuvens produzem uma falsa esperança. Concordo com Warren Wiersb, quando ele diz que, como as nuvens no céu, os falsos mestres podem ser proeminentes e até atraentes, mas, se não são capazes de trazer chuvas, são inúteis.[202]

4. Árvores mortas (v. 12d). ... *árvores em plena estação dos frutos, destes desprovidas, duplamente mortas, desarraigadas.* São árvores sem fruto e sem raiz. Para ter vida, uma árvore precisa ter raiz e, para ser útil, precisa produzir fruto. Uma árvore sem raiz nem fruto não é uma árvore, mas apenas um arremedo, uma propaganda enganosa, uma mentira. Que contraste com os justos, que são comparados a uma árvore frutífera, junto à fonte, que no devido tempo dá o seu fruto e cuja folhagem não murcha (Sl 1.3)! Os justos são como árvores plantadas junto à fonte que produzem fruto e têm verdor até nos dias mais causticantes. *O fruto do justo é árvore de vida* (Pv 11.30). O fruto na vida do justo é a marca do verdadeiro discipulado (Jo 15.8).

5. Ondas bravias do mar (v. 13a). *Ondas bravias do mar, que espumam as suas próprias sujidades...* As ondas revoltas do mar trazem sujeira e perigo (Is 57.20). Um exemplo chocante disso é o *tsunami* que varreu a Indonésisa e alguns outros países asiásticos em 2004, matando centenas de milhares de pessoas , causando prejuízos incalculáveis. No Japão, em 2011, um violento *tsunami* varreu a costa nordeste

do país, invadindo cidades, destruindo casas e arrastando carros num mar de lama. Em 2012, ondas gigantescas da tempestade Sandy invadiram a costa leste dos Estados Unidos e geraram bilhões de dólares de prejuízo, matando dezenas de pessoas. Essas ondas gigantes inundaram a terra de lixo e lama e levaram a morte por onde passam.

6. Estrelas errantes (v. 13b). ... *estrelas errantes, para as quais tem sido guardada a negridão das trevas, para sempre.*

Warren Wieresbe diz que Judas não se refere a estrelas fixas, planetas ou cometas, pois estes têm posição e órbita definidas. Antes, está falando sobre meteoros, estrelas cadentes que aparecem de repente e depois somem na escuridão para nunca mais serem vistos.[203] Já Simon Kistemaker pensa que devemos ficar com as palavras exatas do texto, e não interpretá-las como meteoros ou estrelas cadentes que desaparecem na escuridão da noite.[204]

Estrelas errantes se referem a anjos que caíram do céu como estrelas (Ap 12.4). São seres pervertidos, malignos, que induzem as pessoas ao erro. Os falsos mestres são aqui comparados a demônios que seduzem as pessoas apartando-as da verdade. Estrelas errantes só podem conduzir as pessoas ao abismo em que elas mesmas são lançadas. Deus reservou cadeias de trevas aos anjos rebeldes (v. 6) e a *negridão das trevas, para sempre,* aos falsos mestres. É preciso cuidado para não seguir estrelas errantes, pois elas conduzirão a trevas eternas![205] Kistemaker aponta que, ao aplicar esse conceito aos hereges, Judas os descreve como apóstatas, em cuja companhia nenhum cristão pode traçar um curso reto. Seu curso de vida errante leva à condenação eterna.[206]

O verso 16 fala que os falsos mestres são murmuradores e aduladores: *Os tais são murmuradores, são descontentes, andando segundo as suas paixões. A sua boca vive propalando grandes arrogâncias; são aduladores dos outros, por motivos interesseiros.* Os falsos mestres murmuram contra Deus. Não há nenhuma palavra de gratidão e louvor em seus lábios. Porque o coração deles vive cheio de paixões imundas, seus lábios estão repletos de murmuração. Porém, quando se trata de auferir alguma vantagem financeira, eles bajulam as pessoas com palavras lisonjeiras ou aduladoras. São bajuladores, pois, enaltecem até mesmo aqueles que precisam ser repreendidos.

Em terceiro lugar, *eles receberam sua devida penalidade* (v. 14,15). No meio de uma sociedade que se corrompia, Enoque andou com Deus (Gn 5.18-24; Hb 11.5). Sua geração escarneceu dele, como os falsos mestres escarneceram da doutrina da segunda vinda de Cristo (2Pe 3.1-9). Judas ressalta características do juízo:

O juízo será pessoal e público (v. 14). *Quanto a estes foi que também profetizou Enoque, o sétimo depois de Adão, dizendo: Eis que veio o Senhor entre suas santas miríades.* Werner de Boor diz que o Senhor que retorna como Juiz universal não vem sozinho. Acompanham-no as "santas miríades", poderosos exércitos de anjos. O juízo não acontece às escondidas e em silêncio, mas de forma totalmente pública. Incontáveis seres brilhantes são testemunhas da culpa e da vergonha daqueles que agora se portam tão grandiosa e arrogantemente diante dos singelos membros da igreja. Que impressão terrível isso provocará em todos os que devem comparecer diante desse Juiz![207]

O fato de Judas citar um livro apócrifo, *1Enoque,* obra conhecida dos escritores religiosos, não significa que o considerava um documento inspirado e canônico. Concordo com David Ster, no sentido de que a menção de Judas a um livro não-canônico não faz de *1Enoque* uma escritura inspirada nem desqualifica a carta de Judas. Paulo mencionou autores pagãos em Atos 17.28,29 e Tito 1.12, e ninguém supõe que essas obras deveriam ser incluídas nas Sagradas Escrituras ou que, por essa razão, as obras de Paulo deveriam ser excluídas da Bíblia.[208]

Enoque foi um homem que andou com Deus (Gn 5.22,24) e profetizou nos dias antes do dilúvio. Essa profecia de Enoque não é mencionada em nenhum outro lugar das Escrituras. O próprio Senhor veio pessoalmente exercer juízo no dilúvio (v. 14,15). O próprio Deus julgará os falsos profetas. Mesmo que na terra os falsos mestres recebam louvores dos homens ímpios, não escaparão do juízo divino.

O juízo será universal (v. 15a). *Para exercer juízo contra todos...* O juízo final alcançará a todos os ímpios. Ninguém escapará do justo e reto juízo de Deus. Somente aqueles que são selados pelo Espírito estarão seguros naquele grande e terrível Dia, quando todos terão de comparecer perante o tribunal de Deus.

O juízo será justo (v. 15b). *... e para fazer convictos todos os ímpios, acerca de todas as obras ímpias que impiamente praticaram e acerca de todas as palavras insolentes que ímpios pecadores proferiram contra ele.* Deus fará convictos todos os ímpios acerca de todas as obras ímpias que impiamente praticaram e todas as suas palavras insolentes.

Mantendo-se firme na guerra, sem vacilar

Quatro verdades devem ser destacadas:

Em primeiro lugar, *relembre a Palavra de Deus* (v.17-19). *Judas faz a transição da descrição dos hereges* (v. 5 a 16) *para dirigir-se aos cristãos* (c. 17 a 23). Ele usa a palavra "amados" três vezes na epístola (v. 3,17,20), em contraste, com os falsos mestres, a quem chama de ímpios. Os leitores são amados por Deus (v. 1) e por seu fiel pastor, Judas (v. 3,17,20).[209]

A Palavra é o antídoto contra as heresias dos falsos mestres. Por isso é importante que o crente:

1. Relembre quem deu a Palavra (v. 17). *Vós, porém, amados, lembrai-vos das palavras anteriormente proferidas pelos apóstolos de nosso Senhor Jesus Cristo.* As Escrituras vieram-nos por meio dos apóstolos. Os falsos apóstolos queriam se colocar acima dos apóstolos de Jesus Cristo. Chamavam-se a si mesmo de apóstolos e diziam ter novas revelações de Deus. Ainda hoje, muitos falsos mestre, querem introduzir na igreja de Deus novos ensinamentos, contrários às verdades já reveladas nas Escrituras. Devemos repudiar todo ensino que não esteja ancorado na Palavra de Deus. Como muito bem disse Billy Graham: "a Bíblia tem uma capa interior". Não podemos acrescentar nada a ela e nada podemos dela retirar.

2. Relembre o que eles disseram (v. 18). *Os quais diziam: No último tempo, haverá escarnecedores, andando segundo as suas ímpias paixões.* Os apóstolos já haviam alertado sobre o perigo dos falsos mestres e dos falsos ensinos (1Tm 4.1; 1Jo 4.1; 2Pe 2; 3.3). Esse tempo já havia chegado. Os falsos mestres andavam itinerantemente nas igrejas, infiltrando-se entre os crente, para atacar os apóstolos de Cristo e perverter seus ensinos. Kistemaker diz que escarnecer não é uma paródia leve e engraçada, mas um sério ataque contra Deus, sua Palavra e seu povo. Os escarnecedores demonstram abertamente seu desprezo e descaso por Deus, seguindo *os seus próprios desejos ímpios.* Rejeitam deliberadamente o juízo de Deus e, escolhem um estilo de vida de pecado.[210]

3. Relembre porque eles disseram (v. 19). *São estes os que promovem divisões, sensuais, que não têm o Espírito*. Os falsos mestres desejam dividir a igreja e levar os crentes para fora da verdadeira comunhão dos santos. Eles enganam porque não têm o Espírito Santo. Os falsos mestres buscam não os pagãos, mas os crentes. O propósito deles é criar cismas e divisões. Travestidos de peles de ovelhas, tentam entrar disfarçadamente no meio do rebanho, para devorar as ovelhas (At 20.29). Outras vezes, manifestam-se no meio do rebanho, saindo das fileiras da própria igreja, para arrastar os crentes, tornando-os seus reféns espirituais (At 20.30).

Em segundo lugar, *edifique a sua vida cristã* (v. 20,21).

Duas verdades são destacadas por Judas:

1. *O fundamento para a vida cristã* (v. 20a). *Vós, porém, amados, edificando-vos na vossa fé santíssima...*

Judas começa e termina sua carta falando sobre a fé. Ele insta seus leitores a batalhar pela fé, uma vez que eles também são edificados na fé. A nossa fé santíssima tem o conteúdo exarado na Palavra de Deus. A igreja precisa ser edificada na Palavra. Os pregadores precisam ter compromisso com a Palavra. Não temos o direito de usar o púlpito, a mídia e a página escrita para levar o povo para fora das Escrituras. A ordem apostólica é: *Prega a Palavra...* (2Tm 4.2). A Palavra é o alicerce da vida cristã. A Palavra é a bússola que guia nossa viagem rumo à glória. A Palavra é o mapa do peregrino rumo ao céu. A Palavra é o alimento do cristão nessa jornada.

Judas contrasta a igreja com os falsos mestres. A metáfora da edificação aponta para o fato de que o contraste com o novo movimento não significa estagnação nem mero "repouso" sobre a *fé uma vez entregue aos santos* (v. 3).

"Edificar" não significa repouso e contemplação, mas constante progresso no empenho e no trabalho. Como diz Werner de Boor: "A igreja não é local de visitas, mas de obras".[211]

2. *O poder para edificar a vida cristã* (v. 20b,21) *orando no Espírito. ... Orando no Espírito, guardai-vos no amor de Deus, esperando a misericórdia de nosso Senhor Jesus Cristo, para a vida eterna.* Se a Palavra é o fundamento da vida cristã, a oração no Espírito é o poder eficaz para edificá-la. A Palavra de Deus e a oração devem andar juntas para a edificação da igreja (At 6.4). Cometem um grave erro aqueles que se dedicam apenas à Palavra e se esquecem da oração. De igual forma, estão em desacordo com o propósito de Deus, aqueles que se consagram à oração, mas desprezam a centralidade da Palavra. Não podemos separar o que Deus uniu. Somente quando unimos oração e Palavra, triunfamos sobre os falsos mestres e vivemos uma vida plena.

Alguns pregadores modernos ensinam que "orar no Espírito" é orar em "línguas".[212] Ensinam ainda, que essa é uma forma superior de oração, pois aquele que a pratica tem mais intimidade com Deus e mais força espiritual para enfrentar o inimigo. Não subscrevemos esse pensamento. Cremos que as palavras de Judas são semelhantes às de Paulo: *Com toda oração e súplica, orando em todo tempo no Espírito* (Ef 6.18). A Bíblia diz que *não sabemos orar como convém, mas o mesmo Espírito intercede por nós, sobremaneira, com gemidos inexprimíveis* (Rm 8.26). Concordo com Kistemaker quando ele diz: "O Espírito toma nossas orações imperfeitas, aperfeiçoando-as e apresentando-as a Deus o Pai".[213] Nessa mesma linha de pensamento, Matthew Henry escreve:

> A oração é a enfermeira da fé. A maneira de edificar a nós mesmos sobre a nossa santíssima fé é perseverando na oração (Rm 12.12). Nossas orações certamente prevalecem quando oramos no Espírito Santo, isto é, debaixo de sua orientação e influência, de acordo com a regra da sua Palavra, com fé, fervor e importunação perseverante e constante; isso é orar no Espírito Santo.[214]

Em terceiro lugar, *comprometa-se com a evangelização* (22,23). Para tanto, Judas deixa algumas orientações:

1. Compadeça-se dos que estão em dúvida (v. 22). *E compadecei-vos de alguns que estão na dúvida.* Os crentes precisam cuidar não apenas de si mesmos, mas também devem ter olhos apercebidos, corações atentos e lábios abertos para se compadecer das pessoas que estão confusas com os falsos ensinos. A ordem de Judas é: ensine a Palavra de Deus às pessoas que estão sendo seduzidas pelos falsos mestres. Devemos mostrar-lhes as glórias do Evangelho de Cristo.

2. Salva os que estão no fogo (v. 23a). *Salvai-os, arrebatando-os do fogo...* Assim como os anjos tiraram Ló de Sodoma, devemos livrar aqueles que estão nas garras dos falsos mestres. A heresia é um fogo que arde agora e será o combustível do fogo que arderá eternamente. Evangelizar uma pessoa que está nessa situação, presa no cipoal das heresias, é como arrebatá-la do fogo. O indivíduo liberto dessas garras malignas é como um tição tirado do fogo (Zc 3.2). Amós disse acerca de Israel: *Vós fostes como um tição arrebatado da fogueira* (Am 4.11). Calvino é muito oportuno quando diz: "a palavra *salvar* é transferida aos seres humanos, não que estes sejam os autores, mas [eles] são ministros da salvação".[215]

3. Cuidado para não se queimar ao tentar salvar os outros do fogo (v. 23b). *... quanto a outros, sede compassivos*

em temor, detestando até a roupa contaminada pela carne. Devemos amar o pecador, mas abominar o pecado. Muitos desavisados e incautos, subestimaram o poder do pecado e acabaram se envolvendo com os pecados que deveriam combater. Precisamos ter cautela para estarmos no mundo, sem sermos do mundo; como uma canoa que está na água sem deixar que a água a inunde.

Em quarto lugar, *comprometa-se com Jesus Cristo* (v. 24,25). Essa passagem é uma das maiores doxologias do Novo Testamento, comparável a Romanos 11.33-36; 16.25-27; Apocalipse 4.10,11; 5.12,13; 15.3,4.[216] Judas encerra sua carta destacando três verdades sobre Deus:

1. Deus é poderoso para nos guardar de tropeço (v. 24a). *Ora, àquele que é poderoso para vos guardar de tropeços...* Num lindo tributo de louvor, o autor volta-se para Deus. Judas começa sua epístola atribuindo o amor e a proteção a Deus o Pai e a Jesus Cristo. Ele conclui sua carta louvando a Deus e a Jesus Cristo pela proteção dos crentes e colocando-os na presença de Deus.[217] Na caminhada rumo à glória, como muito bem destacou John Bunyan, em seu livro *O Peregrino,* há muitas armadilhas. Não podemos fazer uma viagem segura confiando apenas em nossos recursos. Há perigos insidiosos. Há inimigos terríveis e poderosos. Há ameaças reais e devastadoras. Somente, guardados pelo Todo-poderoso Deus, poderemos chegar à reta final, sem tropeço algum. Deus nos guarda debaixo de suas asas. Ele é a nossa cidade de refúgio. Deus pode guardar o seu povo *como a menina dos seus olhos* (Dt 32.10). Deus pode guardar-nos, como guardou Noé e sua família das águas do dilúvio (2Pe 2.5).[218]

2. Deus é poderoso para nos levar para a glória (v. 24b). *... e para vos apresentar com exultação, imaculados diante*

da sua glória. Deus planejou nossa salvação, executa nossa redenção e consumará nossa glorificação. Tudo vem dele. Tudo é por meio dele. Tudo é para ele. Ele mesmo nos purificou e ele mesmo nos apresentará como noiva gloriosa naquele grande dia. Matthew Henry diz que, onde os crentes serão apresentados imaculados, ali haverá exultação jubilosa. Onde não haverá pecado, também não haverá sofrimento, pois, onde houver completa santidade, ali também haverá perfeita alegria.[219]

3. Deus é digno de ser exaltado de eternidade a eternidade (v. 25). *Ao único Deus, nosso Salvador, mediante Jesus Cristo, Senhor nosso, glória, majestade, império e soberania, antes de todas as eras, e agora, e por todos os séculos. Amem.* Judas conclui sua epístola com uma eloquente doxologia. O Deus que nos salvou e nos preserva em santidade até nos receber na glória é o único digno de receber, por toda a eternidade, glória, majestade, império e soberania. Deus é o centro da história e será o centro da eternidade. O Deus que é completo em si mesmo, receberá dos anjos, dos remidos e de toda a criação restaurada os louvores que ecoarão pelos séculos sem fim. Judas fecha as cortinas de sua profecia com um retumbante "Amém"!

Notas do capítulo 6

[160] CALVIN, John. *Calvin's Commentary.* Vol. XXII, p. 428.
[161] GREEN, Michael. *II Pedro e Judas*, p. 148.
[162] KISTEMAKER, Simon. *Epístolas de Pedro e Judas*, p. 484.
[163] KISTEMAKER, Simon. *Epístolas de Pedro e Judas*, p. 476.
[164] KISTEMAKER, Simon. *Epístolas de Pedro e Judas*, p. 473.
[165] KISTEMAKER, Simon, *Epístolas de Pedro e Judas*, p. 474.
[166] WHEATON, David H. Jude. In: *New Bible Commentary.* Downers Grove, IL: InterVarsity Press, 1994, p. 1416.
[167] KISTEMAKER, Simon. *Epístolas de Pedro e Judas*, p. 478,479.
[168] CALVIN, John. *Calvin's Commentary.* Vol. XXII, p. 427.
[169] GREEN, Michael. *II Pedro e Judas*, p. 151.
[170] WIERSBE, Warren W. *Comentário bíblico expositivo.* Vol. 6, p. 700.
[171] ROSE, Delbert R. A Epístola de Judas. In: *Comentário Bíblico Beacon.* Vol. 10. Rio de Janeiro: CPAD, 2006, p. 356.
[172] BOOR, Werner de. Carta de Judas. In: *Cartas de Tiago, Pedro, João e Judas.* Curitiba: Esperança, 2008, p. 449.
[173] HENRY, Matthew. *Comentário bíblico Atos-Apocalipse.* Rio de Janeiro: CPAD, 2010, p. 950.
[174] WHEATON, David H. *New Bible Commentary*, p. 1416.
[175] WIERSBE, Warren W. *Comentário bíblico expositivo.* Vol. 6, p. 700.
[176] WIERSBE, Warren W. *Comentário bíblico expositivo.* Vol. 6, p. 701.
[177] HENRY, Matthew. *Matthew Henry's Commentary.* Grand Rapids: MI: Marshall, Morgan & Scott, 1960, p. 1967.
[178] BOOR, Werner de. *Cartas de Tiago, Pedro, João e Judas*, p. 451.
[179] BOOR, Werner de. *Cartas de Tiago, Pedro, João e Judas*, p. 453.
[180] GREEN, Michael. *II Pedro e Judas*, p. 151.
[181] WIERSBE, Warren W. *Comentário bíblico expositivo.* Vol. 6, p. 703.
[182] ROSE, Delbert R. *Comentário Bíblico Beacon.* Vol. 10, p. 362.
[183] ROSE, Delbert R. *Comentário Bíblico Beacon.* Vol. 10, p. 362.
[184] WIERSBE, Warren W. *Comentário bíblico expositivo.* Vol. 6, p. 703.
[185] ALFORD, Henry. *The Letters of John and Jude.* Filadélfia, PA: The Westminster Press, 1960, p. 189.
[186] KISTEMAKER, Simon. *Epístolas de Pedro e Judas*, p. 491.
[187] WIERSBE, Warren W. *Comentário bíblico expositivo.* Vol. 6, p. 702.
[188] ROSE, Delbert R. *Comentário Bíblico Beacon.* Vol. 10, p. 354.
[189] ROSE, Delbert R. *Comentário Bíblico Beacon.* Vol. 10, p. 363.
[190] WIERSBE, Warren W. *Comentário bíblico expositivo.* Vol. 6, p. 2006.
[191] KISTEMAKER, Simon. *Epístolas de Pedro e Judas*, p. 500.

192 KISTEMAKER, Simon. *Epístolas de Pedro e Judas*, p. 502,503.
193 WIERSBE, Warren W. *Comentário bíblico expositivo*. Vol. 6, p. 707.
194 WIERSBE, Warren W. *Comentário bíblico expositivo*. Vol. 6, p. 707.
195 KISTEMAKER, Simon. *Epístolas de Pedro e Judas*, p. 507.
196 PRIEST, J. Testament of Moses. In: *The Old Testament Pseudopifrapha*. Vol. 1. Garden City, NY: Doubleday, 1983, p. 925.
197 KISTEMAKER, Simon. *Epístolas de Pedro e Judas*, p. 510.
198 WIERSBE, Warren W. *Comentário bíblico expositivo*. Vol. 6, p. 708.
199 WIERSBE, Warren W. *Comentário bíblico expositivo*. Vol. 6, p. 709.
200 KISTEMAKER, Simon. *Epístolas de Pedro e Judas*, p. 516.
201 KISTEMAKER, Simon. *Epístolas de Pedro e Judas*, p. 519.
202 WIERSBE, Warren W. *Comentário bíblico expositivo*. Vol. 6, p. 710.
203 WIERSBE, Warren W. *Comentário bíblico expositivo*. Vol. 6, p. 710,711.
204 KISTEMAKER, Simon. *Epístolas de Pedro e Judas*, p. 521.
205 WIERSBE, Warren W. *Comentário bíblico expositivo*. Vol. 6, p. 711.
206 KISTEMAKER, Simon. *Epístolas de Pedro e Judas*, p. 521.
207 BOOR, Werner de. *Cartas de Tiago, Pedro, João e Judas*, p. 466.
208 STERN, David H. *Comentário judaico do Novo Testamento*. São Paulo: Atos, 2008, p. 855.
209 KISTEMAKER, Simon. *Epístolas de Pedro e Judas*, p. 530.
210 KISTEMAKER, Simon. *Epístolas de Pedro e Judas*, p. 532.
211 BOOR, Werner de. *Cartas de Tiago, Pedro, João e Judas*, p. 472.
212 GREEN, Michael. *II Pedro e Judas*, p. 176.
213 KISTEMAKER, Simon. *Epístolas de Pedro e Judas*, p. 538.
214 HENRY, Matthew. *Comentário bíblico Atos-Apocalipse,* p. 957.
215 CALVIN, John. *The Epistle of Jude.* 2011, p. 449.
216 STERN, David H. *Comentário judaico do Novo Testamento*, p. 856.
217 KISTEMAKER, Simon. *Epístolas de Pedro e Judas*, p. 543.
218 KISTEMAKER, Simon. *Epístolas de Pedro e Judas*, p. 544.
219 HENRY, Matthew. *Matthew Henry's Commentary*, p. 1969.

Sua opinião é importante para nós.
Por gentileza, envie seus
comentários pelo e-mail
editorial@hagnos.com.br

Visite nosso site:
www.hagnos.com.br

Esta obra foi impressa na
Imprensa da Fé.
São Paulo, Brasil.
Inverno de 2021.